Analisis Fitur Digital Signature Certificates pada Dokumen PDF dan Landasan Hukumnya di Indonesia

I Putu Weda Kresna Witana

Published by Penyankes Indonesia, 2025.

ANALISIS FITUR DIGITAL SIGNATURE CERTIFICATES PADA DOKUMEN PDF DAN LANDASAN HUKUMNYA DI INDONESIA

First edition. August 14, 2025.

ISBN: 979-8232736958

Written by I Putu Weda Kresna Witana.

Daftar Isi

Kata Pengantar

Puji syukur penulis panjatkan ke hadirat Tuhan Yang Maha Esa karena atas rahmat dan karunia-Nya, penulis dapat menyelesaikan karya tulis ilmiah berjudul *"Analisis Fitur Digital Signature Certificates pada Dokumen PDF dan Landasan Hukumnya di Indonesia"*. Penelitian ini disusun sebagai upaya untuk memberikan pemahaman yang lebih komprehensif mengenai penerapan Digital Signature Certificates (DSC) pada dokumen PDF, khususnya melalui aplikasi Adobe Acrobat, beserta relevansinya dengan kerangka hukum yang berlaku di Indonesia.

Penerapan DSC merupakan salah satu instrumen penting dalam menjamin integritas, keaslian, dan non-repudiation dokumen di era transformasi digital. Melalui pendekatan analisis teknis, penelitian ini menguraikan proses pembangkitan dan verifikasi tanda tangan digital, mekanisme hashing, serta penerapan Public Key Infrastructure (PKI) dan sertifikat digital berbasis X.509. Pembahasan juga dilengkapi dengan tinjauan terhadap peraturan perundang-undangan, khususnya Undang-Undang Informasi dan Transaksi Elektronik beserta peraturan pelaksananya yang mengatur penggunaan tanda tangan digital di Indonesia.

Penulis menyadari bahwa tanda tangan digital tanpa sertifikasi resmi (*uncertified electronic signature*) meskipun tidak memiliki kekuatan pembuktian otomatis di pengadilan, tetap memiliki nilai strategis dalam konteks perlindungan dokumen internal maupun transaksi personal. Oleh karena itu, penelitian ini tidak hanya menekankan aspek legal formal, tetapi juga mempertimbangkan manfaat teknis dan praktis dari implementasi DSC.

Penyusunan karya tulis ini tidak terlepas dari bantuan, dukungan, dan arahan dari berbagai pihak. Oleh karena itu, penulis menyampaikan terima kasih kepada semua pihak yang telah memberikan kontribusi, baik secara langsung maupun tidak langsung, dalam proses penyusunan penelitian ini. Semoga karya ini dapat memberikan kontribusi nyata bagi pengembangan pemahaman tentang keamanan dokumen digital di Indonesia.

Akhir kata, penulis berharap penelitian ini dapat menjadi referensi dan rujukan bagi akademisi, praktisi, dan pihak-pihak yang berkepentingan dalam mengembangkan sistem keamanan informasi yang andal dan sesuai dengan landasan hukum yang berlaku. Segala kritik dan saran yang membangun sangat penulis harapkan demi kesempurnaan karya ini di masa yang akan datang.

Badung, Agustus 2025

Penulis

Abstrak

Analisis Fitur *Digital Signature Certificates* pada Dokumen *PDF* dan Landasan Hukumnya di Indonesia

Penerapan *Digital Signature Certificates* (DSC) pada dokumen PDF menjadi salah satu mekanisme penting untuk menjaga integritas dan keaslian informasi di era transformasi digital. Studi ini berfokus pada analisis fitur DSC dalam Adobe Acrobat, dimulai dari proses pembuatan tanda tangan digital yang mengubah dokumen menjadi status *final* atau tidak dapat diedit. Proses ini melibatkan pembangkitan nilai *hash*, penyimpanan *hash* tersebut, serta verifikasi melalui perbandingan antara *hash* tersimpan dan *hash* dokumen saat ini untuk menentukan status tanda tangan sebagai valid atau invalid. Fitur DSC merupakan pengembangan dari standar *Public Key Infrastructure* (PKI) dan sertifikat digital berbasis X.509, yang memungkinkan pengamanan dokumen secara kriptografis. Penelitian ini menegaskan bahwa meskipun tanda tangan digital tanpa sertifikasi (*uncertified electronic signature*) tidak memiliki kekuatan pembuktian otomatis di pengadilan, hal tersebut tidak berarti tidak bermanfaat. Dalam konteks penggunaan internal atau transaksi personal, *uncertified DSC* tetap relevan sebagai sarana perlindungan integritas dokumen, mencegah modifikasi tanpa izin, serta memberikan jejak forensik yang dapat digunakan untuk pembuktian teknis jika diperlukan. Di Indonesia, legitimasi hukum penuh diberikan pada tanda tangan digital tersertifikasi (*certified electronic signature*) yang diterbitkan melalui Penyelenggara Sertifikasi Elektronik (PsRE) sesuai Undang-Undang Informasi dan Transaksi Elektronik beserta peraturan pelaksanaannya. Lingkup penelitian ini terbatas pada implementasi DSC menggunakan Adobe Acrobat, dengan penekanan pada aspek teknis dan tinjauan singkat landasan hukumnya.

Kata kunci: *Digital Signature Certificates*, Adobe Acrobat, *Hash*ing, PKI, Tanda Tangan Digital, UU ITE, PsRE

Abstract

Analysis of Digital Signature Certificates Features on PDF Documents and Their Legal Basis in Indonesia

The implementation of *Digital Signature Certificates* (DSC) in PDF documents is a key mechanism for ensuring the integrity and authenticity of information in the era of digital transformation. This study focuses on analyzing the DSC feature in Adobe Acrobat, beginning with the process of creating a digital signature that renders a document *final* or non-editable. This process involves generating a *hash* value, storing the *hash*, and verifying it by comparing the stored *hash* with the current document *hash* to determine whether the signature status is valid or invalid. The DSC feature is developed based on the *Public Key Infrastructure* (PKI) framework and X.509 digital certificate standards, enabling cryptographic protection of documents. This research emphasizes that although an *uncertified electronic signature* does not have automatic evidentiary power in court, it does not mean it is without value. In the context of internal use or personal transactions, *uncertified DSCs* remain relevant as a means to protect document integrity, prevent unauthorized modifications, and provide a forensic trace that can support technical verification if needed. In Indonesia, full legal recognition is granted to *certified electronic signatures* issued by licensed *Electronic Certification Providers* (PsRE) in accordance with the Electronic Information and Transactions Law (UU ITE) and its implementing regulations. The scope of this study is limited to DSC implementation in Adobe Acrobat, with an emphasis on technical aspects and a concise review of its legal framework.

Keywords: *Digital Signature Certificates*, Adobe Acrobat, *Hash*ing, PKI, Digital Signature, EIT Law, PsRE

Latar Belakang

Perkembangan teknologi informasi dan komunikasi telah mendorong transformasi digital di berbagai sektor, termasuk pemerintahan, bisnis, dan layanan publik [[1]]. Perubahan ini tidak hanya mempercepat proses distribusi informasi, tetapi juga meningkatkan efisiensi dalam pengelolaan dokumen. Pergeseran dari dokumen fisik ke dokumen elektronik membawa keuntungan signifikan dalam hal penghematan biaya, waktu, dan sumber daya [[2]]. Namun, transformasi ini juga menimbulkan tantangan baru terkait keamanan data, integritas dokumen, dan keaslian informasi [[3]]. Risiko pemalsuan, modifikasi tidak sah, serta penyalahgunaan data menjadi isu yang semakin krusial untuk diatasi. Oleh karena itu, dibutuhkan mekanisme pengamanan yang mampu menjamin keaslian dan integritas dokumen elektronik secara efektif.

Salah satu teknologi yang banyak digunakan untuk menjawab tantangan tersebut adalah *Digital Signature Certificates* (DSC) [[4]]. DSC memanfaatkan prinsip kriptografi kunci publik atau *Public Key Infrastructure* (PKI) untuk mengamankan dokumen elektronik, khususnya dokumen berformat PDF yang luas penggunaannya [[5]]. Teknologi ini bekerja dengan menggabungkan proses *hash*ing dan sertifikat digital untuk memverifikasi apakah suatu dokumen telah diubah setelah ditandatangani [[6]]. Dengan adanya tanda tangan digital, penerima dokumen dapat memastikan integritas konten tanpa harus melakukan pemeriksaan manual. Fitur ini menjadi relevan dalam berbagai kebutuhan, mulai dari transaksi bisnis, arsip hukum, hingga korespondensi resmi. Selain itu, penerapan DSC tidak hanya meningkatkan kepercayaan pengguna, tetapi juga mempermudah proses validasi dokumen secara cepat dan efisien [[7]].

Adobe Acrobat, sebagai salah satu perangkat lunak pengelola dokumen PDF yang populer, menyediakan fitur DSC yang relatif mudah digunakan. Prosesnya dimulai dengan membuat tanda tangan digital yang secara otomatis mengubah status dokumen menjadi *final* atau tidak dapat diedit. Selanjutnya, dokumen tersebut melalui proses pembangkitan nilai *hash* unik yang merepresentasikan isi file [[8]]. Nilai *hash* ini kemudian disimpan dan digunakan sebagai acuan verifikasi di masa mendatang. Jika terjadi perubahan sekecil apa pun pada dokumen, perbandingan *hash* akan menghasilkan status invalid. Dengan mekanisme ini, keamanan dokumen dapat ditingkatkan tanpa memerlukan infrastruktur tambahan yang kompleks.

Standar yang digunakan dalam fitur DSC pada Adobe Acrobat umumnya mengikuti format sertifikat digital X.509 yang telah diakui secara internasional [[9]]. X.509 bekerja bersama PKI untuk memastikan identitas penandatangan melalui pasangan kunci publik dan privat. Proses ini memungkinkan pengamanan dokumen secara kriptografis yang sulit dipalsukan atau dimodifikasi tanpa terdeteksi [[10]]. Algoritma *hash*ing seperti SHA-256 digunakan untuk membuat *digital fingerprint* yang unik bagi setiap dokumen [[11]]. Dengan kombinasi teknologi ini, DSC memberikan perlindungan yang andal terhadap integritas dokumen elektronik. Standar tersebut juga memudahkan interoperabilitas antara berbagai sistem dan perangkat lunak yang mendukung tanda tangan digital [[12]].

Dari perspektif hukum di Indonesia, tanda tangan digital memiliki pengakuan yang jelas melalui Undang-Undang Nomor 11 Tahun 2008 tentang Informasi dan Transaksi Elektronik (UU ITE) beserta peraturan pelaksananya [[13]]. Regulasi ini membedakan antara tanda tangan digital tersertifikasi (*certified electronic signature*) dan tidak tersertifikasi (*uncertified electronic signature*). Tanda tangan digital tersertifikasi dikeluarkan oleh Penyelenggara Sertifikasi Elektronik (PsRE) yang diakui pemerintah, sehingga memiliki kekuatan pembuktian otomatis di pengadilan [[14]]. Sebaliknya, tanda tangan digital tidak tersertifikasi tetap sah digunakan, tetapi memerlukan pembuktian tambahan jika diajukan sebagai alat bukti formal [[15]]. Perbedaan ini menegaskan pentingnya memahami lingkup penggunaan masing-masing jenis tanda tangan digital. Dalam konteks penelitian ini, kedua jenis tersebut akan dianalisis dari sisi teknis dan manfaat praktisnya.

Meskipun tanda tangan digital tidak tersertifikasi tidak memiliki kekuatan hukum otomatis, bukan berarti teknologi ini tidak bermanfaat [[16]]. Dalam praktiknya, banyak organisasi dan individu menggunakan *uncertified DSC* untuk keperluan internal, seperti validasi dokumen, perlindungan integritas data, dan pencegahan modifikasi tanpa izin. Fitur ini memberikan kemudahan karena gratis, mudah digunakan, dan tidak memerlukan prosedur administrasi yang kompleks [[17]]. Selain itu, dokumen yang ditandatangani secara digital tetap menyimpan *forensic trace* yang dapat dianalisis jika terjadi sengketa [[18]]. Dengan demikian, *uncertified DSC* menjadi solusi praktis untuk kebutuhan yang tidak memerlukan pembuktian formal di pengadilan. Pemahaman akan batasan dan kegunaannya menjadi kunci dalam penerapannya.

Konteks penggunaan DSC *uncertified* juga berkaitan dengan efisiensi operasional [[19]]. Dalam beberapa kasus, perusahaan atau instansi memerlukan pengamanan dokumen tanpa harus mengeluarkan biaya tambahan untuk sertifikasi resmi. Misalnya, dalam proses distribusi laporan internal, kontrak non-formal, atau dokumen kerja sama sementara. Dengan memanfaatkan fitur DSC pada Adobe Acrobat, proses tersebut dapat dilakukan secara cepat sambil tetap memberikan lapisan keamanan yang memadai [[20]]. Fitur ini juga kompatibel dengan berbagai perangkat dan sistem operasi, sehingga memudahkan penerapan di berbagai lingkungan kerja. Hal ini menjadikan *uncertified DSC* relevan dalam strategi keamanan dokumen tingkat operasional.

Penelitian ini mengkaji secara mendalam alur teknis pembuatan dan validasi tanda tangan digital menggunakan Adobe Acrobat. Analisis mencakup tahapan pembuatan sertifikat digital, pembangkitan nilai *hash*, penyimpanan *hash*, proses verifikasi, dan penentuan status valid atau invalid [[21]]. Selain itu, penelitian ini juga membahas standar teknologi yang digunakan serta implikasinya terhadap keamanan dokumen. Dari sisi hukum, dibahas pula perbedaan perlakuan antara tanda tangan digital tersertifikasi dan tidak tersertifikasi di Indonesia. Pendekatan ini memberikan gambaran utuh mengenai manfaat, keterbatasan, dan peluang pemanfaatan DSC. Lingkup penelitian dibatasi pada penggunaan Adobe Acrobat untuk menjaga fokus analisis.

Dengan mempertimbangkan perkembangan teknologi dan kerangka hukum yang berlaku, penelitian ini diharapkan dapat memberikan kontribusi dalam memahami peran DSC pada dokumen PDF di Indonesia. Hasil kajian ini diharapkan menjadi referensi bagi praktisi, akademisi, maupun pembuat kebijakan dalam merancang strategi keamanan dokumen elektronik [[22]]. Penelitian ini juga mendorong kesadaran akan pentingnya memilih jenis tanda tangan digital yang sesuai dengan kebutuhan dan konteks penggunaan. Dengan memahami aspek teknis dan legal secara bersamaan, pengguna dapat mengoptimalkan manfaat teknologi DSC tanpa mengabaikan aspek legitimasi hukum. Oleh karena itu, penelitian ini tidak hanya relevan bagi pihak yang membutuhkan keamanan dokumen, tetapi juga bagi pihak yang ingin memanfaatkan teknologi secara tepat guna.

Rumusan Masalah

Perkembangan teknologi informasi telah mendorong adopsi tanda tangan digital sebagai metode pengesahan dokumen elektronik. Salah satu implementasinya adalah Digital Signature Certificates (DSC) pada dokumen PDF, khususnya melalui aplikasi Adobe Acrobat. Meskipun teknologi ini telah didukung oleh mekanisme kriptografi yang kuat, permasalahan muncul ketika membahas legitimasi hukum, terutama dalam konteks perbedaan antara tanda tangan digital tersertifikasi dan tidak tersertifikasi. Berdasarkan latar belakang tersebut, permasalahan penelitian ini dapat dirumuskan sebagai berikut:

1. Bagaimana proses teknis penerapan DSC pada dokumen PDF di Adobe Acrobat, mulai dari pembangkitan nilai *hash* hingga verifikasi validitas tanda tangan?
2. Apa perbedaan mendasar antara DSC tersertifikasi dan DSC tidak tersertifikasi dalam konteks hukum di Indonesia?
3. Bagaimana relevansi dan manfaat DSC tidak tersertifikasi dalam perlindungan integritas dokumen, meskipun tidak memiliki kekuatan pembuktian otomatis di pengadilan?
4. Apa saja dasar hukum yang mengatur penggunaan tanda tangan digital di Indonesia, khususnya yang berkaitan dengan DSC?

Tujuan

Penelitian ini memiliki beberapa tujuan yang ingin dicapai, yaitu:

1. Menganalisis proses teknis penerapan DSC pada dokumen PDF menggunakan Adobe Acrobat.
2. Mengidentifikasi perbedaan fungsi dan legitimasi hukum antara DSC tersertifikasi dan tidak tersertifikasi.
3. Mengevaluasi relevansi penggunaan DSC tidak tersertifikasi dalam konteks perlindungan dokumen elektronik.
4. Menyajikan tinjauan singkat mengenai landasan hukum tanda tangan digital di Indonesia, termasuk peran Penyelenggara Sertifikasi Elektronik (PsRE).

Manfaat

Hasil penelitian ini diharapkan dapat memberikan manfaat sebagai berikut:

1. Manfaat Teoritis

- Menambah wawasan dan literatur akademik mengenai mekanisme teknis DSC dan implikasi hukumnya.
- Memberikan pemahaman yang lebih jelas terkait perbedaan antara tanda tangan digital tersertifikasi dan tidak tersertifikasi.

2. Manfaat Praktis

- Menjadi panduan bagi individu maupun organisasi dalam menerapkan DSC pada dokumen PDF untuk menjaga integritas dan keaslian informasi.
- Memberikan pertimbangan bagi pengguna teknologi DSC terkait pilihan penggunaan sertifikat digital tersertifikasi atau tidak tersertifikasi.

Ruang Lingkup Penelitian

Agar penelitian ini fokus dan terarah, maka ruang lingkup penelitian dibatasi pada:

1. Objek Penelitian – Fitur Digital Signature Certificates pada dokumen PDF menggunakan Adobe Acrobat.
2. Aspek Teknis – Proses pembuatan tanda tangan digital, pembangkitan *hash*, verifikasi tanda tangan, dan status dokumen.
3. Aspek Hukum – Tinjauan singkat terhadap Undang-Undang Informasi dan Transaksi Elektronik (UU ITE) dan peraturan pelaksananya yang mengatur penggunaan tanda tangan digital, dengan penekanan pada peran PsRE.
4. Batasan – Tidak membahas secara mendalam aspek teknis sertifikat digital selain implementasi melalui Adobe Acrobat, serta tidak membahas sistem keamanan selain yang terkait langsung dengan DSC.

Digital Signature Certificates (DSC)

Digital Signature Certificates (DSC) adalah sertifikat elektronik yang mengandung informasi identitas pemilik, kunci publik, dan pihak penerbit, yang digunakan untuk memverifikasi keaslian tanda tangan digital dan memastikan integritas dokumen [[23]]. Dalam konteks keamanan informasi, DSC bekerja sebagai bagian dari mekanisme *Public Key Infrastructure* (PKI), yang memanfaatkan kriptografi kunci publik untuk menghasilkan tanda tangan digital yang tidak dapat diubah tanpa terdeteksi [[24]]. Pada dokumen PDF, DSC memegang peran sentral dalam menjamin bahwa file tidak dimodifikasi setelah ditandatangani. Fungsi ini relevan di berbagai sektor, mulai dari administrasi pemerintahan, hukum, hingga transaksi bisnis digital. Adobe Acrobat merupakan salah satu perangkat lunak yang mengimplementasikan DSC untuk menandatangani dan memvalidasi dokumen. Proses ini memungkinkan pihak penerima untuk memverifikasi keabsahan dokumen secara langsung tanpa memerlukan verifikasi manual.

Secara teknis, proses pembuatan DSC dimulai dari pembangkitan pasangan kunci publik dan kunci privat oleh pemilik sertifikat [[25]]. Kunci privat digunakan untuk menghasilkan tanda tangan digital, sedangkan kunci publik digunakan oleh pihak penerima untuk memverifikasi tanda tangan tersebut [[26]]. Sertifikat ini dikeluarkan oleh *Certificate Authority* (CA) atau dalam konteks Indonesia dikenal sebagai Penyelenggara Sertifikasi Elektronik (PsRE) sesuai ketentuan Undang-Undang Nomor 11 Tahun 2008 tentang Informasi dan Transaksi Elektronik beserta peraturan pelaksananya. Format sertifikat digital yang digunakan biasanya mengikuti standar X.509 yang telah diakui secara internasional [[27]]. Standar ini menentukan struktur data, algoritma enkripsi, dan metode verifikasi yang digunakan untuk memastikan interoperabilitas antar sistem. Implementasi yang tepat dari DSC akan memastikan tanda tangan digital dapat diakui secara hukum.

Pada dokumen PDF, penerapan DSC di Adobe Acrobat memanfaatkan proses *hashing* untuk menjamin integritas data [[28]]. Ketika dokumen ditandatangani, sistem akan membuat nilai *hash* dari konten dokumen. Nilai *hash* ini kemudian dienkripsi menggunakan kunci privat pemilik sertifikat. Saat dokumen dibuka oleh penerima, Adobe Acrobat akan melakukan proses *hash*ing ulang dan membandingkan hasilnya dengan *hash* yang telah dienkripsi sebelumnya [[29]]. Jika kedua nilai cocok, maka dokumen dianggap valid dan belum diubah. Jika tidak cocok, tanda tangan akan dianggap tidak valid dan penerima akan mendapatkan peringatan. Proses ini memastikan keamanan dan integritas dokumen secara kriptografis.

Keunggulan DSC dibandingkan tanda tangan elektronik sederhana (*uncertified electronic signature*) adalah adanya otentikasi yang kuat dan pengakuan hukum penuh. Di Indonesia, tanda tangan digital bersertifikat yang dikeluarkan oleh PsRE memiliki kekuatan pembuktian yang sama dengan tanda tangan basah di mata hukum [[30]]. Hal ini diatur dalam Peraturan Pemerintah Nomor 71 Tahun 2019 tentang Penyelenggaraan Sistem dan Transaksi Elektronik. Dengan demikian, DSC dapat digunakan dalam kontrak elektronik, dokumen hukum, dan transaksi bisnis yang memerlukan tingkat keamanan tinggi. Sementara itu, tanda tangan elektronik tanpa sertifikat hanya memiliki nilai pembuktian tambahan dan tidak otomatis diakui sebagai bukti sah di pengadilan.

Dari sisi keamanan, DSC memberikan perlindungan berlapis terhadap pemalsuan dokumen. Penggunaan algoritma kriptografi seperti RSA atau Elliptic Curve Cryptography (ECC) membuat tanda tangan digital sulit dipalsukan tanpa akses ke kunci privat asli [[31]]. Selain itu, sertifikat digital biasanya memiliki masa berlaku tertentu dan dapat dicabut (*revoked*) jika terjadi kompromi keamanan. Proses pencabutan ini dilakukan melalui *Certificate Revocation List* (CRL) atau protokol *Online Certificate Status Protocol* (OCSP) yang memungkinkan verifikasi status sertifikat secara real-time. Hal ini penting untuk memastikan hanya tanda tangan digital yang sah dan aktif yang dapat digunakan.

Dalam penerapannya di Indonesia, DSC pada dokumen PDF dapat mengacu pada ketentuan yang dikeluarkan oleh Badan Siber dan Sandi Negara (BSSN) sebagai otoritas pembina PsRE [[32]]. BSSN bertugas memastikan bahwa sertifikat digital yang diterbitkan memenuhi standar keamanan nasional dan internasional. Salah satu tantangan yang dihadapi adalah rendahnya literasi digital terkait penggunaan DSC di sektor publik maupun swasta [[33]]. Banyak organisasi yang masih menggunakan tanda tangan elektronik sederhana tanpa menyadari keterbatasan hukum dan teknisnya. Oleh karena itu, edukasi dan sosialisasi menjadi kunci dalam meningkatkan adopsi DSC secara luas.

Kesimpulannya, Digital Signature Certificates merupakan pilar penting dalam menjaga integritas dan keaslian dokumen digital, termasuk PDF [[34]]. Penerapan DSC melalui Adobe Acrobat memberikan solusi yang andal untuk memverifikasi dokumen secara kriptografis sekaligus memenuhi persyaratan hukum di Indonesia. Dengan dukungan regulasi yang kuat, teknologi ini memiliki potensi besar untuk mengoptimalkan keamanan transaksi elektronik di berbagai sektor. Tantangan ke depan adalah memastikan semua pihak memahami perbedaan antara tanda tangan elektronik bersertifikat dan tidak bersertifikat serta implikasi hukumnya. Dengan demikian, penelitian mengenai analisis fitur DSC pada dokumen PDF dan landasan hukumnya akan memberikan kontribusi signifikan dalam pengembangan literasi keamanan digital di Indonesia.

PDF (Portable Document Format)

Portable Document Format (PDF) adalah format berkas yang dikembangkan oleh Adobe Systems pada awal 1990-an untuk memfasilitasi pertukaran dokumen secara universal tanpa bergantung pada perangkat keras, sistem operasi, atau aplikasi tertentu [[35]]. PDF dirancang untuk mempertahankan tata letak asli dokumen, termasuk teks, gambar, grafik, dan elemen multimedia, sehingga tampilan konsisten di berbagai platform. Hal ini menjadikan PDF sangat populer untuk distribusi dokumen resmi, laporan, e-book, hingga arsip digital. Format ini menggabungkan elemen teks dan grafis dalam satu file yang dapat dibuka dengan perangkat lunak seperti Adobe Acrobat Reader maupun aplikasi pihak ketiga. Salah satu keunggulannya adalah mendukung kompresi data sehingga ukuran file lebih efisien tanpa mengurangi kualitas. Keandalan format ini membuatnya menjadi standar internasional dalam pertukaran dokumen elektronik.

Struktur internal PDF terdiri dari empat komponen utama: Header, Body, Cross-Reference Table, dan Trailer. Bagian Header menyimpan informasi versi PDF, sedangkan Body berisi objek-objek dokumen seperti teks, gambar, dan font. Cross-Reference Table menyediakan indeks yang memudahkan akses langsung ke objek, sementara Trailer berisi informasi tentang lokasi tabel referensi dan objek root. Desain ini memungkinkan PDF dibaca dengan cepat tanpa memproses seluruh isi file secara linear. Format ini juga mendukung font tertanam (*embedded fonts*) sehingga teks tetap dapat dibaca meskipun font aslinya tidak tersedia di perangkat pengguna. Arsitektur ini menjadi dasar fleksibilitas PDF untuk integrasi fitur keamanan seperti enkripsi dan tanda tangan digital.

Seiring perkembangan teknologi, PDF berevolusi menjadi format terbuka yang dikelola oleh International Organization for

Standardization (ISO) dengan kode standar ISO 32000. Standarisasi ini memastikan interoperabilitas PDF di berbagai platform dan perangkat lunak, serta membuka jalan bagi pengembangan fitur-fitur baru seperti form interaktif dan metadata terstruktur. Selain itu, PDF dapat menyimpan lapisan (layers) yang memungkinkan pengguna menampilkan atau menyembunyikan elemen tertentu tanpa memengaruhi keseluruhan dokumen. Format ini juga dapat mengintegrasikan elemen multimedia seperti audio dan video untuk tujuan presentasi atau edukasi. Standar PDF/A juga diperkenalkan untuk kebutuhan arsip digital jangka panjang, memastikan dokumen dapat dibaca di masa depan tanpa kehilangan format asli.

Dalam konteks keamanan, PDF memiliki kemampuan untuk menerapkan enkripsi, pembatasan hak akses, dan tanda tangan digital. Enkripsi digunakan untuk melindungi isi dokumen agar hanya dapat diakses oleh pihak yang berwenang, sementara pembatasan hak akses dapat mengontrol aktivitas seperti pencetakan, penyalinan, atau pengeditan. Tanda tangan digital pada PDF menggunakan infrastruktur kunci publik (PKI) untuk memverifikasi identitas penandatangan dan memastikan integritas dokumen. Implementasi ini biasanya memanfaatkan Digital Signature Certificates (DSC) yang diterbitkan oleh otoritas sertifikasi resmi. Keamanan PDF menjadi penting dalam transaksi elektronik, dokumen hukum, dan komunikasi bisnis yang memerlukan perlindungan integritas data.

Penggunaan PDF di Indonesia, khususnya dalam konteks hukum dan administrasi publik, telah meningkat seiring dengan penerapan tanda tangan digital sesuai Undang-Undang Informasi dan Transaksi Elektronik (UU ITE). Banyak lembaga pemerintah dan perusahaan swasta mulai mengadopsi PDF sebagai format resmi untuk surat keputusan, kontrak, dan dokumen legal lainnya. Hal ini disebabkan oleh kemampuannya dalam mempertahankan format asli sekaligus mengakomodasi lapisan keamanan tambahan seperti DSC. Selain itu, integrasi PDF dengan platform manajemen dokumen mempermudah proses pengarsipan dan pencarian dokumen [[36]]. Dengan sifatnya yang portabel, aman, dan konsisten, PDF tetap menjadi pilihan utama untuk pertukaran dokumen di era digital [[37]].

Hash Function

Hash function adalah sebuah algoritma kriptografi yang digunakan untuk mengubah data digital menjadi nilai unik dengan panjang tetap, yang dikenal sebagai *hash value* atau *message digest* [][38]. Fungsi ini bekerja dengan memproses input berupa data apapun, seperti teks, gambar, atau *file*, dan menghasilkan output yang bersifat unik terhadap data tersebut. Salah satu karakteristik penting dari *hash* function adalah sifatnya yang *one-way*, artinya nilai *hash* tidak dapat digunakan untuk merekonstruksi data asli. Dalam konteks *Digital Signature Certificates* (DSC), *hash* digunakan untuk memverifikasi integritas dokumen PDF yang ditandatangani secara digital. Jika isi dokumen mengalami perubahan, nilai *hash* yang dihasilkan juga akan berubah, sehingga tanda tangan digital menjadi tidak valid. Dengan demikian, *hash function* berperan penting dalam mendeteksi manipulasi data. Keamanan *hash* bergantung pada ketidakmungkinan menghasilkan *collision*, yaitu dua data berbeda yang menghasilkan *hash* yang sama.

Algoritma *hash* memiliki berbagai varian, seperti MD5, SHA-1, SHA-256, dan SHA-3 [[39]]. Dalam implementasi DSC pada dokumen PDF, algoritma yang digunakan umumnya berasal dari keluarga SHA (*Secure Hash Algorithm*) karena keamanannya yang lebih tinggi dibanding MD5 atau SHA-1 yang kini dianggap rentan. SHA-256, misalnya, menghasilkan output sepanjang 256 bit yang sangat sulit untuk dipalsukan. Proses tanda tangan digital dimulai dengan pembangkitan *hash* dari dokumen, kemudian nilai *hash* tersebut dienkripsi menggunakan kunci privat pemilik sertifikat. Pihak penerima kemudian dapat memverifikasi tanda tangan dengan mendekripsi *hash* menggunakan kunci publik, lalu membandingkannya dengan *hash* yang dihasilkan dari dokumen yang diterima. Jika kedua *hash* sama, dokumen dinyatakan otentik dan tidak mengalami perubahan.

Fungsi *hash* tidak hanya penting dalam keamanan digital, tetapi juga memiliki peran yang sangat krusial dalam kepatuhan hukum di Indonesia. Berdasarkan Undang-Undang Nomor 11 Tahun 2008 tentang Informasi dan Transaksi Elektronik (ITE) dan perubahannya, keabsahan tanda tangan elektronik sangat bergantung pada integritas data yang dijamin salah satunya melalui *hash function*. Dalam praktiknya, Penyelenggara Sertifikasi Elektronik (PSrE) yang terdaftar di Kementerian Komunikasi dan Informatika memastikan bahwa tanda tangan digital menggunakan algoritma *hash* yang aman. Meskipun DSC yang tidak tersertifikasi juga dapat menggunakan *hash* function, namun secara hukum hanya DSC yang dikeluarkan oleh PSrE yang diakui sebagai tanda tangan elektronik tersertifikasi. Hal ini menunjukkan hubungan erat antara aspek teknis *hash* function dengan aspek hukum di Indonesia.

Kelebihan *hash function* dalam DSC terletak pada kemampuannya mendeteksi perubahan sekecil apapun pada dokumen. Bahkan perubahan satu karakter saja akan menghasilkan nilai *hash* yang sepenuhnya berbeda, fenomena ini dikenal sebagai *avalanche effect*. Dengan sifat ini, *hash* function mampu memberikan jaminan yang kuat terhadap integritas dokumen PDF yang dilindungi tanda tangan digital. Dalam konteks forensik digital, *hash* function juga digunakan sebagai alat bukti untuk memastikan keaslian dokumen. Kecepatan proses *hash*ing membuatnya efisien untuk digunakan dalam transaksi elektronik yang memerlukan verifikasi cepat. Keandalan ini menjadikan *hash* function komponen inti dalam infrastruktur keamanan informasi, termasuk dalam sistem tanda tangan digital yang digunakan di sektor publik maupun swasta.

Namun, tidak semua *hash* function memiliki tingkat keamanan yang sama. Beberapa algoritma lama seperti MD5 dan SHA-1 telah ditemukan kelemahan berupa *collision attack*, yaitu kondisi di mana dua data berbeda menghasilkan *hash* yang sama [[40]]. Oleh karena itu, dalam standar keamanan modern seperti yang digunakan dalam DSC di dokumen PDF, disarankan untuk menggunakan algoritma yang lebih kuat seperti SHA-256 atau SHA-3. Standar ini juga diadopsi oleh banyak negara, termasuk Indonesia, dalam regulasi terkait keamanan informasi. PSrE di Indonesia juga memastikan penggunaan *hash* function yang mengikuti standar internasional untuk meminimalkan risiko serangan. Dengan demikian, pemilihan algoritma *hash* menjadi keputusan strategis dalam menjaga keamanan tanda tangan digital.

Selain keamanan, *hash function* juga berperan dalam efisiensi proses validasi DSC. Karena nilai *hash* memiliki ukuran tetap, proses enkripsi dan verifikasi menjadi lebih cepat dibanding mengenkripsi seluruh dokumen [[41]]. Hal ini sangat penting dalam transaksi elektronik berskala besar, seperti pengiriman dokumen legal atau arsip digital yang membutuhkan validasi cepat. Dalam sistem DSC, proses *hash*ing biasanya dilakukan secara otomatis oleh perangkat lunak tanda tangan digital. Pengguna tidak perlu memahami detail teknisnya, tetapi tetap memperoleh manfaat dari jaminan integritas dokumen. Ketersediaan teknologi ini dalam format gratis seperti DSC pada PDF memberikan akses yang lebih luas bagi masyarakat untuk mengamankan dokumen digital mereka.

Kesimpulannya, *hash function* adalah elemen fundamental dalam penerapan *Digital Signature Certificates* pada dokumen PDF, khususnya dalam menjamin integritas dan keaslian data [[42]]. Perannya yang vital tidak hanya pada aspek teknis keamanan, tetapi juga pada aspek legal di Indonesia yang mengakui tanda tangan elektronik sebagai alat bukti sah jika memenuhi kriteria tertentu. Meskipun DSC gratis yang tidak tersertifikasi juga memanfaatkan *hash function*, secara hukum keabsahannya terbatas jika tidak dikeluarkan oleh PSrE. Oleh karena itu, pemahaman tentang *hash* function menjadi penting bagi pengguna DSC, baik dari sisi teknologi maupun hukum. Integrasi antara teknologi *hash* dan regulasi nasional menjadi fondasi kuat bagi keamanan dokumen digital di Indonesia.

PSrE (Penyelenggara Sertifikasi Elektronik)

Penyelenggara Sertifikasi Elektronik (PSrE) adalah lembaga resmi yang bertugas menerbitkan, mengelola, dan memverifikasi sertifikat elektronik di Indonesia. PSrE memiliki peran krusial dalam menjamin keaslian, integritas, dan keabsahan tanda tangan digital sesuai dengan ketentuan peraturan perundang-undangan. Keberadaan PSrE diatur dan diawasi oleh Kementerian Komunikasi dan Informatika (Kominfo) Republik Indonesia. Lembaga ini memastikan bahwa proses pembuatan sertifikat digital dilakukan dengan standar keamanan yang tinggi untuk mencegah pemalsuan identitas. PSrE di Indonesia dapat berstatus sebagai PSrE publik yang melayani masyarakat umum atau PSrE privat yang hanya melayani internal institusi tertentu. Dengan demikian, PSrE menjadi pilar penting dalam infrastruktur keamanan informasi nasional [[43]].

Tugas utama PSrE meliputi penerbitan sertifikat elektronik yang memuat identitas subjek, kunci publik, dan masa berlaku sertifikat. Sertifikat ini digunakan untuk menandatangani dokumen secara digital sehingga memiliki kekuatan hukum setara dengan tanda tangan basah. PSrE juga bertanggung jawab melakukan verifikasi identitas pemohon sertifikat sebelum menerbitkan sertifikat digital tersebut. Dalam konteks tanda tangan digital, sertifikat yang dikeluarkan PSrE memastikan bahwa data yang ditandatangani tidak mengalami perubahan sejak penandatanganan. Oleh karena itu, PSrE memiliki peran penting dalam mencegah pemalsuan dokumen elektronik di sektor publik maupun swasta [[44]].

Di Indonesia, pengaturan PSrE mengacu pada Undang-Undang Nomor 11 Tahun 2008 tentang Informasi dan Transaksi Elektronik (UU ITE) yang telah diubah dengan UU Nomor 19 Tahun 2016, serta Peraturan

Menteri Kominfo Nomor 11 Tahun 2018 tentang Penyelenggaraan Sertifikasi Elektronik. Peraturan tersebut menetapkan kriteria teknis, prosedur pendaftaran, dan kewajiban PSrE dalam menjamin keamanan layanan. Selain itu, PSrE juga harus memenuhi standar internasional seperti X.509 yang digunakan untuk format sertifikat digital. Dengan adanya dasar hukum ini, sertifikat yang diterbitkan oleh PSrE memiliki legitimasi yang diakui secara hukum di pengadilan. Hal ini membuat tanda tangan digital dari PSrE dapat dijadikan alat bukti yang sah [[45]].

PSrE di Indonesia terbagi menjadi beberapa entitas, antara lain PSrE yang dikelola langsung oleh pemerintah seperti Balai Sertifikasi Elektronik (BSrE) BSSN, dan PSrE swasta seperti Peruri Digital Security, Privy, VIDA, Digisign, dan Xignature. Masing-masing memiliki layanan penerbitan sertifikat elektronik dengan fitur keamanan yang berbeda sesuai target pengguna. Misalnya, PSrE pemerintah banyak digunakan untuk kebutuhan tanda tangan pejabat negara, sementara PSrE swasta lebih populer di sektor bisnis. Perbedaan ini memungkinkan berbagai sektor mendapatkan layanan yang sesuai dengan kebutuhan keamanan dan skalabilitasnya. Kehadiran beragam PSrE ini turut mendorong adopsi tanda tangan digital di Indonesia [[46]].

Keamanan sertifikat elektronik yang diterbitkan oleh PSrE dijamin melalui penggunaan Public Key Infrastructure (PKI). PKI memungkinkan pembangkitan pasangan kunci publik dan privat yang digunakan dalam proses tanda tangan digital dan enkripsi data. PSrE bertindak sebagai Certificate Authority (CA) yang memverifikasi identitas pemilik kunci publik. Sertifikat yang diterbitkan PSrE dilengkapi dengan tanda tangan digital milik CA, sehingga penerima dokumen dapat memverifikasi keasliannya. Dengan mekanisme ini, risiko seperti pemalsuan identitas atau manipulasi dokumen dapat diminimalkan.

Dalam praktiknya, sertifikat dari PSrE sering digunakan pada dokumen PDF yang memerlukan validasi digital. PDF memiliki fitur untuk menanamkan sertifikat elektronik sehingga pembaca dapat langsung melihat status keabsahan tanda tangan. Jika sertifikat berasal dari PSrE yang diakui Kominfo, maka validasi tanda tangan akan menunjukkan status LTV (Long-Term Validation) yang sah. Namun, jika sertifikat tidak berasal dari PSrE resmi, statusnya biasanya akan menampilkan peringatan atau tanda tidak valid. Hal ini menjadi alasan utama mengapa sertifikat dari PSrE lebih diprioritaskan dalam dokumen resmi.

Secara keseluruhan, PSrE menjadi elemen kunci dalam penerapan tanda tangan digital di Indonesia, terutama pada dokumen elektronik seperti PDF. Dengan adanya pengakuan hukum dan pengawasan pemerintah, PSrE memastikan tanda tangan digital memiliki kekuatan pembuktian yang setara dengan tanda tangan konvensional. Penelitian mengenai analisis fitur DSC pada dokumen PDF dan landasan hukumnya tidak dapat dilepaskan dari peran PSrE sebagai penerbit sertifikat. Tanpa PSrE, sertifikat digital yang digunakan berpotensi tidak diakui secara hukum dan mengurangi efektivitas tanda tangan digital. Oleh karena itu, pemahaman tentang PSrE menjadi penting dalam memastikan validitas dan keamanan transaksi elektronik.

Tanda Tangan Elektronik (TTE)

Tanda Tangan Elektronik (TTE) merupakan komponen krusial dalam ekosistem keamanan informasi digital, yang berfungsi untuk menjamin keaslian, integritas, dan *non-repudiation* pada dokumen elektronik. Dalam konteks dokumen PDF, TTE berbasis *Digital Signature Certificates* (DSC) menjadi mekanisme utama yang memanfaatkan teknologi kriptografi untuk mengikat identitas penandatangan dengan konten dokumen. Standar yang digunakan secara luas, seperti X.509, memastikan bahwa sertifikat digital dapat diverifikasi oleh pihak ketiga yang tepercaya. Implementasi TTE mengacu pada kerangka kerja *Public Key Infrastructure* (PKI) yang memanfaatkan pasangan kunci publik dan privat. Di Indonesia, penerapan TTE diatur secara tegas oleh Undang-Undang Nomor 11 Tahun 2008 tentang Informasi dan Transaksi Elektronik (UU ITE) dan peraturan turunannya. Aturan ini memastikan bahwa TTE yang tersertifikasi memiliki kekuatan pembuktian hukum yang setara dengan tanda tangan basah.

Dalam Adobe Acrobat, proses pembuatan TTE dimulai dengan konversi dokumen ke status final melalui penguncian struktur internal *file* PDF. Langkah ini mencegah modifikasi tanpa otorisasi, sehingga setiap perubahan yang terjadi setelah penandatanganan dapat terdeteksi secara otomatis. Sistem membangkitkan nilai hash unik dari isi dokumen menggunakan algoritma kriptografi seperti SHA-256, yang kemudian dienkripsi dengan kunci privat penandatangan. Nilai hash ini disimpan dalam sertifikat digital, sehingga dapat diverifikasi di kemudian hari. Apabila isi dokumen berubah sedikit pun, hash yang dihasilkan akan berbeda, menandakan tanda tangan invalid. Prinsip ini memastikan integritas data secara teknis.

Fitur DSC pada TTE tidak hanya memastikan integritas dokumen, tetapi juga mengikat identitas penandatangan secara formal. Sertifikat digital yang digunakan memuat informasi seperti nama pemilik, otoritas penerbit (CA), masa berlaku, dan kunci publik. Dalam konteks hukum Indonesia, CA yang diakui disebut Penyelenggara Sertifikasi Elektronik (PsRE), yang tercatat pada Kementerian Komunikasi dan Informatika. Hanya sertifikat yang diterbitkan oleh PsRE atau mitra internasional yang diakui yang dapat memberikan kekuatan pembuktian otomatis di pengadilan. Sebaliknya, tanda tangan elektronik tidak tersertifikasi (*uncertified*) masih bisa digunakan, tetapi pembuktiannya harus dilakukan secara manual. Hal ini memberikan batasan yang jelas antara fungsi teknis dan fungsi legal dari TTE.

Secara kriptografis, TTE berbasis DSC bekerja dengan skema asimetris, yaitu penggunaan kunci publik untuk verifikasi dan kunci privat untuk penandatanganan. Kunci privat disimpan dengan aman oleh penandatangan, sedangkan kunci publik disertakan dalam sertifikat digital yang dapat diakses oleh penerima dokumen. Saat penerima membuka dokumen, Adobe Acrobat atau aplikasi sejenis akan menggunakan kunci publik untuk mendekripsi nilai hash yang tersimpan, lalu membandingkannya dengan hash yang dihasilkan dari isi dokumen saat ini. Kecocokan kedua hash menandakan dokumen tidak berubah dan tanda tangan valid. Sistem ini memastikan bahwa meskipun dokumen didistribusikan luas, validitasnya tetap terjamin.

Dalam perspektif hukum, UU ITE Pasal 11 ayat (1) menegaskan bahwa TTE memiliki kekuatan hukum dan akibat hukum yang sah sepanjang memenuhi persyaratan tertentu. Persyaratan tersebut mencakup keaslian identitas, integritas informasi, dan kemampuan untuk dipertanggungjawabkan. Selain UU ITE, Peraturan Pemerintah Nomor 71 Tahun 2019 memperkuat pengaturan dengan mengklasifikasikan TTE menjadi tersertifikasi dan tidak tersertifikasi. TTE tersertifikasi memberikan perlindungan hukum yang lebih kuat karena diterbitkan oleh PsRE yang telah melalui proses audit dan akreditasi. Penggunaan

TTE yang tepat menjadi kunci dalam transaksi digital, khususnya pada dokumen PDF yang memiliki nilai hukum.

Penerapan TTE pada dokumen PDF di Indonesia juga selaras dengan tren global, di mana format PDF dianggap sebagai standar de facto untuk pertukaran dokumen resmi. Adobe Acrobat, sebagai salah satu platform utama, menyediakan fitur validasi tanda tangan yang kompatibel dengan berbagai CA internasional dan lokal. Validasi ini menampilkan status seperti "Valid", "Invalid", atau "*Unknown*", tergantung pada hasil verifikasi hash dan rantai sertifikat (certificate chain). Rantai sertifikat yang lengkap mulai dari penandatangan hingga root CA menjadi penting untuk memastikan kepercayaan. Ketiadaan salah satu sertifikat dalam rantai dapat menyebabkan status tanda tangan dianggap tidak tepercaya, meskipun dokumen sebenarnya belum dimodifikasi.

TTE memiliki dua fungsi strategis: fungsi teknis untuk melindungi dokumen, dan fungsi hukum untuk memberikan pembuktian. Fungsi teknis berguna bahkan untuk transaksi internal atau penggunaan personal, misalnya pengesahan dokumen organisasi tanpa perlu pihak ketiga. Dalam skenario ini, uncertified DSC tetap efektif untuk mencegah perubahan konten dan memberikan jejak digital (digital trail). Fungsi hukum baru menjadi signifikan ketika dokumen digunakan dalam transaksi formal yang mungkin memerlukan pembuktian di pengadilan. Oleh karena itu, organisasi perlu menentukan jenis TTE yang digunakan sesuai tujuan penggunaannya. Kombinasi fungsi teknis dan legal ini menjadikan TTE sebagai elemen vital dalam tata kelola dokumen modern.

Selain itu, tantangan implementasi TTE di Indonesia mencakup kesadaran pengguna, kesiapan infrastruktur, dan kompatibilitas sistem. Banyak pengguna masih belum memahami perbedaan antara tanda tangan elektronik biasa dan tanda tangan digital tersertifikasi. Edukasi menjadi faktor penting agar pengguna dapat memanfaatkan TTE secara optimal sesuai dengan peraturan yang berlaku. Infrastruktur seperti server PsRE, integrasi dengan aplikasi bisnis, dan dukungan multi-platform menjadi penentu keberhasilan implementasi. Tantangan ini juga terkait dengan biaya, karena sertifikat digital tersertifikasi memerlukan biaya penerbitan dan perpanjangan.

Dalam konteks keamanan siber, TTE berbasis DSC memberikan lapisan perlindungan tambahan terhadap serangan manipulasi dokumen. Dengan adanya verifikasi berbasis hash dan kunci publik, upaya untuk mengubah isi dokumen tanpa terdeteksi menjadi hampir mustahil. Hal ini sangat penting untuk dokumen bernilai tinggi, seperti kontrak, perjanjian bisnis, atau laporan keuangan. Di sisi lain, penggunaan algoritma hash yang kuat seperti SHA-256 atau SHA-3 menjadi krusial untuk menghindari kerentanan terhadap collision attack. Penggunaan algoritma yang sudah usang, seperti SHA-1, tidak lagi direkomendasikan karena tingkat keamanannya telah menurun.

Secara keseluruhan, TTE berbasis DSC pada dokumen PDF memadukan aspek teknis dan hukum yang saling melengkapi. Di Indonesia, legitimasi penuh diberikan pada TTE tersertifikasi oleh PsRE, sedangkan uncertified DSC tetap bermanfaat untuk keperluan tertentu. Adobe Acrobat menyediakan platform yang andal untuk implementasi ini, dengan dukungan penuh terhadap standar PKI dan X.509. Tantangan seperti edukasi, infrastruktur, dan biaya perlu diatasi untuk memperluas adopsi TTE. Dengan regulasi yang jelas dan teknologi yang matang, TTE memiliki potensi besar untuk menjadi tulang punggung keamanan dokumen digital di era transformasi digital. Pemanfaatan yang tepat akan memastikan keamanan, keaslian, dan keberlanjutan arsip elektronik di masa depan.

Validasi Tanda Tangan Digital

Validasi tanda tangan digital adalah proses untuk memeriksa apakah tanda tangan digital pada suatu dokumen masih sah dan memastikan dokumen belum diubah sejak penandatanganan. Adobe Acrobat secara otomatis memverifikasi validitas dengan memeriksa otentisitas sertifikat digital dan integritas dokumen melalui algoritma *hash*ing serta validitas rantai sertifikat [[47]]. Jika dokumen telah diubah, sistem akan menandai tanda tangan sebagai tidak valid. Proses ini memungkinkan pengguna segera mendeteksi manipulasi konten pasca-penandatanganan dan menjaga kepercayaan terhadap dokumen digital. Setelan validasi juga bisa dikonfigurasi agar cek dilakukan saat dokumen dibuka, dengan indikator visual yang menunjukkan status validitas. Hal ini sangat mendukung mekanisme non-repudiation dan keamanan prosedural dalam pertukaran dokumen elektronik.

Secara teknis, validasi melibatkan dua aspek utama: autentisitas sertifikat dan integritas dokumen. Pertama, sistem memeriksa apakah sertifikat penandatangan berasal dari entitas yang dipercaya dan tidak dicabut; ini mencakup verifikasi terhadap CA atau PSrE yang menerbitkan sertifikat tersebut. Kedua, sistem menghitung ulang nilai *hash* dan membandingkannya dengan *hash* yang tersimpan ketika dokumen ditandatangani; jika cocok, maka integritas dokumen terjaga. Dalam konteks hukum Indonesia, validitas ini krusial karena menjadi dasar pengakuan sertifikat digital sebagai bukti di pengadilan. Validasi digital signature juga memungkinkan pihak ketiga yakin bahwa dokumen itu asli dan ditandatangani oleh entitas yang sah.

Di Indonesia, validasi tanda tangan digital tidak hanya dilakukan melalui perangkat lunak PDF seperti Adobe Acrobat, tetapi juga dapat diverifikasi secara eksternal melalui *website resmi Kominfo* di https://tte.komdigi.go.id/verifyPDF. Dengan mengunggah dokumen

PDF bertanda tangan digital ke portal ini, sistem akan menampilkan informasi sertifikat, status legalitas, identitas penandatangan, serta waktu penandatanganan. Jika valid, portal menandai dokumen tersebut sebagai sah secara hukum; jika tidak, penanda muncul sebagai tidak valid atau perlu diperiksa lebih lanjut. Mekanisme ini memberikan lapisan verifikasi independen yang mendukung legitimasi hukum dan menjadi acuan dalam administrasi publik maupun bisnis.

Secara hukum, validasi ini didukung oleh UU ITE No. 11 Tahun 2008 dan Peraturan Pemerintah No. 71 Tahun 2019, yang menjamin bahwa tanda tangan digital jika memenuhi syarat autentikasi, integritas, dan identifikasi memiliki kekuatan hukum yang sama dengan tanda tangan konvensional. Validasi teknis menjadi fondasi hukum dalam membuktikan bahwa dokumen belum diubah dan dihasilkan oleh pihak sah. Artinya, dokumen dengan tanda tangan digital yang tidak valid bisa menimbulkan keraguan dalam formal hukum. Oleh karena itu, validasi bukan semata tentang integritas teknis, tetapi juga kunci untuk memastikan keabsahan dalam konteks hukum nasional.

Dari sisi operasional, langkah-langkah validasi di Adobe Acrobat mencakup membuka dokumen, memilih panel *Signature*, dan melihat status tanda tangan serta properties-nya. Ini memudahkan pengguna untuk langsung tahu apakah dokumen masih sah. Jika ada tampilan "Valid", maka sertifikat dan kontennya cocok; jika tidak, akan muncul peringatan atau opsi untuk melihat lebih lanjut seperti detail sertifikat atau riwayat perubahan. Dalam sistem profesional, validasi juga mendukung tanda tangan bertingkat atau *long-term validation (LTV)*, yang tetap bisa diverifikasi meskipun sertifikat telah kadaluwarsa.

Analisis fitur DSC dalam PDF juga perlu mempertimbangkan bagaimana validasi terjadi dalam berbagai skenario penggunaan, apakah melalui aplikasi lokal seperti Adobe atau sistem independen Kominfo. Kombinasi ini memastikan fleksibilitas dan kekuatan legal ganda: secara teknis valid melalui aplikasi dan secara hukum valid melalui otoritas resmi. Validasi yang efektif juga meningkatkan kepercayaan pengguna, memperkuat nilai forensik, dan mendukung dokumen digital dalam persidangan atau audit. Ini menjadi aspek penting dalam merancang prosedur tanda tangan elektronik dalam organisasi atau regulasi.

Kesimpulannya, validasi tanda tangan digital adalah proses vital yang menggabungkan aspek teknis dan legal dalam memastikan dokumen PDF tetap sah dan tidak dimanipulasi pasca-penandatanganan. Validasi menyentuh autentisitas sertifikat, integritas dokumen, dan pengakuan hukum, terutama ketika menggunakan sertifikat dari PSrE yang diakui. Kombinasi antara verifikasi aplikasi dan portal Kominfo menghasilkan sistem yang tangguh dan transparan. Penelitian Anda yang memetakan fitur DSC dan prosedur validasi ini dapat menjadi acuan praktis dan kebijakan untuk memperkuat infrastruktur tanda tangan digital di Indonesia.

Non-Repudiation

Non-repudiation merupakan salah satu prinsip utama dalam keamanan informasi yang bertujuan memastikan bahwa pihak yang menandatangani dokumen atau mengirimkan data tidak dapat menyangkal keterlibatan mereka di kemudian hari. Prinsip ini sangat penting dalam transaksi elektronik karena menjadi dasar kepercayaan antar pihak. Dalam konteks dokumen PDF, *non-repudiation* didukung oleh penggunaan *Digital Signature Certificates* (DSC) yang mengikat identitas penandatangan secara unik pada dokumen digital [[48]]. Dengan adanya fitur ini, setiap perubahan pada dokumen dapat terdeteksi, sehingga mencegah penandatangan mengingkari autentisitas dokumen. Di Indonesia, penerapan prinsip *non-repudiation* didukung oleh UU ITE dan peraturan turunan terkait sertifikat elektronik.

Implementasi *non-repudiation* pada dokumen PDF memanfaatkan teknologi kriptografi asimetris, yang terdiri dari pasangan kunci publik dan privat. Kunci privat digunakan untuk membuat tanda tangan digital, sedangkan kunci publik digunakan untuk memverifikasi tanda tangan tersebut. Dengan demikian, hanya pemilik sah kunci privat yang dapat membuat tanda tangan valid, dan pihak lain dapat memverifikasinya tanpa bisa memalsukannya. Sistem ini menjamin bahwa penandatangan tidak dapat menyangkal keterlibatan mereka karena bukti kriptografi bersifat unik dan terverifikasi. Di Indonesia, proses ini dilakukan melalui Penyelenggara Sertifikasi Elektronik (PSrE) yang diakui oleh Kementerian Komunikasi dan Informatika.

Selain menjamin integritas data, *non-repudiation* juga memberikan perlindungan hukum kepada para pihak yang bertransaksi secara digital. Misalnya, dalam transaksi bisnis atau dokumen kontrak elektronik, pihak penerima memiliki bukti sah bahwa pihak pengirim benar-benar telah menyetujui isi dokumen [[49]]. Bukti ini tidak hanya bersifat teknis tetapi juga dapat diterima di pengadilan sebagai alat bukti elektronik yang sah sesuai dengan ketentuan Pasal 5 UU ITE. Oleh karena itu, teknologi ini menjadi bagian penting dalam mendukung ekosistem ekonomi digital yang aman dan terpercaya di Indonesia.

Penerapan prinsip *non-repudiation* pada DSC dalam dokumen PDF juga sangat relevan pada sektor publik, seperti tanda tangan pejabat pemerintah pada dokumen perizinan atau administrasi kependudukan. Dengan adanya tanda tangan digital yang sah, masyarakat dan pihak ketiga dapat memastikan bahwa dokumen tersebut resmi dan tidak mengalami modifikasi. Hal ini mengurangi risiko penipuan, manipulasi data, atau sengketa hukum akibat dokumen yang tidak otentik. Selain itu, penerapan standar internasional seperti *Public Key Infrastructure* (PKI) membantu memastikan *non-repudiation* dapat berlaku secara global.

Secara keseluruhan, *non-repudiation* bukan hanya aspek teknis tetapi juga pilar utama kepercayaan dalam pertukaran informasi digital. Dengan kombinasi regulasi yang kuat, teknologi kriptografi, dan infrastruktur sertifikasi yang handal, Indonesia dapat memastikan bahwa dokumen PDF bertanda tangan digital memiliki kekuatan pembuktian yang tinggi. Prinsip ini menjadi kunci keberhasilan transformasi digital, terutama di sektor hukum, pemerintahan, dan bisnis, di mana keaslian dan tanggung jawab pihak penandatangan menjadi hal yang tidak dapat diabaikan.

Certificate Chain

Certificate Chain adalah rangkaian sertifikat digital yang menghubungkan identitas penandatangan dokumen hingga ke otoritas sertifikat utama atau *root Certificate Authority (CA)*. Dalam konteks tanda tangan digital pada dokumen PDF, *certificate chain* digunakan untuk memverifikasi keaslian tanda tangan dengan menelusuri jalur kepercayaan (*trust path*) dari sertifikat pengguna ke *root CA* yang terpercaya. Rantai ini biasanya terdiri dari sertifikat pengguna, satu atau lebih sertifikat perantara (*intermediate CA*), dan sertifikat *root CA*. Dengan adanya *certificate chain*, penerima dokumen dapat memastikan bahwa sertifikat penandatangan berasal dari entitas yang telah diverifikasi oleh otoritas terpercaya. Proses ini penting dalam validasi tanda tangan digital karena menjamin integritas dan keaslian dokumen.

Setiap sertifikat dalam *certificate chain* memiliki peran khusus dalam proses autentikasi. Sertifikat pengguna (*end-entity certificate*) mengidentifikasi individu atau organisasi yang menandatangani dokumen. Sertifikat perantara bertindak sebagai penghubung antara sertifikat pengguna dan *root CA*, yang biasanya dikelola oleh lembaga yang sangat terpercaya. *Root CA* adalah otoritas sertifikasi utama yang mengeluarkan dan menandatangani sertifikat perantara. Semua sertifikat ini saling terkait secara kriptografis melalui tanda tangan digital. Jika salah satu sertifikat dalam rantai ini tidak sah atau dicabut, maka tanda tangan digital dinyatakan tidak valid.

Dalam konteks Indonesia, konsep *certificate chain* diatur melalui mekanisme yang dikelola oleh Penyelenggara Sertifikasi Elektronik (PSrE) yang diakui oleh Kementerian Komunikasi dan Informatika (Kominfo). PSrE bertindak sebagai CA atau bagian dari *certificate chain* yang menyediakan sertifikat digital yang sah secara hukum. Menurut Peraturan Pemerintah Nomor 71 Tahun 2019 dan Peraturan Menteri

Kominfo Nomor 11 Tahun 2022, hanya sertifikat digital yang dikeluarkan oleh PSrE terdaftar yang dapat digunakan untuk keperluan tanda tangan elektronik tersertifikasi. Hal ini memastikan bahwa *certificate chain* dalam dokumen PDF yang memanfaatkan tanda tangan digital memiliki kekuatan hukum di Indonesia.

Proses validasi *certificate chain* pada dokumen PDF dilakukan dengan memeriksa tanda tangan digital pada setiap sertifikat di rantai tersebut. Perangkat lunak pembaca PDF seperti Adobe Acrobat atau aplikasi validasi tanda tangan digital lainnya akan menelusuri rantai sertifikat dari penandatangan hingga *root CA*. Apabila seluruh sertifikat di rantai tersebut valid, belum kedaluwarsa, dan tidak masuk dalam daftar pencabutan sertifikat (*Certificate Revocation List*, CRL), maka tanda tangan digital dinyatakan sah. Sebaliknya, jika ditemukan sertifikat yang tidak valid atau tidak dikenal, proses validasi akan gagal.

Selain itu, *certificate chain* berperan penting dalam menjamin prinsip *non-repudiation*. Dengan rantai sertifikat yang lengkap dan valid, penandatangan tidak dapat menyangkal telah menandatangani dokumen karena identitasnya telah diverifikasi oleh CA terpercaya. Hal ini menjadi aspek krusial dalam pembuktian hukum, khususnya pada sengketa kontrak atau dokumen elektronik lainnya. Di Indonesia, bukti validasi *certificate chain* dapat digunakan di pengadilan sebagai alat bukti yang sah sesuai Undang-Undang Nomor 11 Tahun 2008 tentang Informasi dan Transaksi Elektronik beserta perubahannya.

Secara teknis, *certificate chain* memanfaatkan algoritma kriptografi kunci publik (Public Key Infrastructure/PKI). PKI menyediakan kerangka kerja yang memungkinkan sertifikat digital diverifikasi melalui tanda tangan digital milik CA di level atas. *Root CA* biasanya sudah tertanam di sistem operasi atau perangkat lunak sebagai entitas tepercaya (*trusted root*). Dengan demikian, setiap sertifikat yang diturunkan dari *root CA* dapat divalidasi secara otomatis selama jalur sertifikatnya utuh dan sah.

Namun, keamanan *certificate chain* juga bergantung pada perlindungan terhadap *root CA* dan sertifikat perantara. Jika salah satu CA dalam rantai ini mengalami kompromi keamanan, maka seluruh sertifikat yang dikeluarkannya menjadi tidak dapat dipercaya. Oleh karena itu, CA diwajibkan menerapkan protokol keamanan yang ketat, seperti *Hardware Security Module* (HSM) dan prosedur audit rutin. Dalam konteks hukum Indonesia, PSrE juga harus memenuhi persyaratan teknis dan administratif yang ditetapkan oleh Kominfo untuk menjaga kepercayaan publik.

Dengan memahami *certificate chain*, pengguna dapat lebih percaya diri dalam memvalidasi tanda tangan digital pada dokumen PDF. Jalur sertifikat yang lengkap dan valid memastikan integritas dokumen, keaslian penandatangan, serta kepatuhan pada regulasi yang berlaku. Dalam praktiknya, pemahaman ini sangat penting bagi lembaga pemerintahan, perbankan, perusahaan, dan sektor hukum yang mengandalkan dokumen elektronik sebagai bukti formal [[50]].

Metodologi

Analisis Fitur *Digital Signature Certificates* pada Dokumen PDF

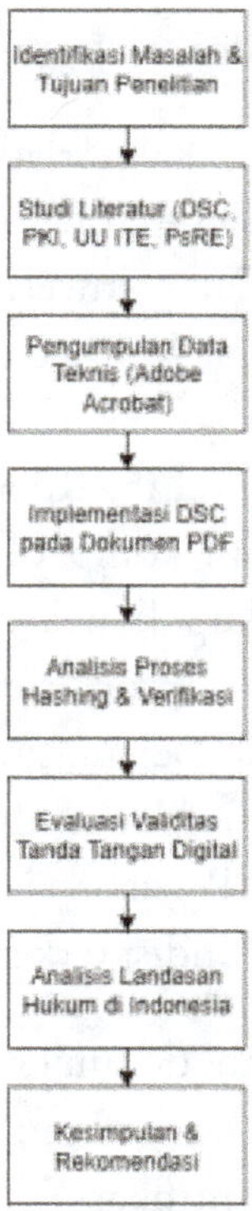

Metodologi penelitian ini dirancang untuk menganalisis penerapan fitur *Digital Signature Certificates* (DSC) pada dokumen PDF menggunakan perangkat lunak Adobe Acrobat, serta mengkaji landasan hukum penggunaannya di Indonesia. Penelitian ini menggunakan pendekatan deskriptif-kualitatif dengan studi kasus implementasi DSC pada dokumen uji. Pendekatan ini dipilih karena mampu memberikan gambaran mendalam terkait proses teknis pembangkitan tanda tangan digital, verifikasi, serta keterkaitannya dengan regulasi yang berlaku. Data diperoleh melalui eksperimen langsung terhadap file PDF yang diberi tanda tangan digital, baik yang tersertifikasi maupun tidak tersertifikasi, untuk melihat perbedaan hasil verifikasi. Selain itu, dilakukan studi literatur pada peraturan perundang-undangan, standar internasional, dan dokumentasi teknis yang relevan. Kombinasi metode praktikum dan telaah pustaka ini bertujuan memastikan analisis yang komprehensif baik dari aspek teknis maupun legal.

Tahap pertama penelitian adalah persiapan lingkungan kerja dan perangkat yang digunakan. Adobe Acrobat versi terbaru dipilih sebagai aplikasi utama untuk membuat dan memverifikasi DSC karena memiliki dukungan penuh terhadap standar X.509 dan Public Key Infrastructure (PKI). Perangkat keras yang digunakan meliputi komputer dengan spesifikasi minimum prosesor Intel i5, RAM 8GB, dan sistem operasi Windows 10, untuk memastikan kompatibilitas dan kinerja optimal. Lingkungan kerja juga mencakup koneksi internet untuk keperluan sinkronisasi sertifikat digital dengan penyedia layanan sertifikasi elektronik (PsRE) jika diperlukan. Selain itu, digunakan sertifikat digital uji yang diperoleh dari PsRE terdaftar di Indonesia serta sertifikat self-signed untuk perbandingan. Persiapan ini memastikan bahwa proses analisis dapat dilakukan dalam kondisi terkendali dan dapat direplikasi.

Tahap kedua adalah pembuatan dokumen uji dan penerapan tanda tangan digital. Dokumen PDF yang digunakan memuat teks standar dan metadata yang mudah diidentifikasi untuk memudahkan verifikasi perubahan. Proses tanda tangan digital dilakukan melalui Adobe Acrobat dengan dua skenario: pertama menggunakan DSC tersertifikasi dari PsRE, dan kedua menggunakan tanda tangan digital tidak tersertifikasi (*uncertified*). Setiap dokumen ditandatangani dalam kondisi final, sehingga mencegah pengeditan tanpa pembatalan tanda tangan. Setelah penandatanganan, setiap file akan dianalisis untuk melihat informasi sertifikat, rantai sertifikat (*certificate chain*), serta status validitas tanda tangan. Data ini kemudian dicatat dan dikategorikan untuk dianalisis pada tahap berikutnya.

Tahap ketiga adalah analisis teknis yang berfokus pada proses *hash*ing dan verifikasi tanda tangan. Adobe Acrobat menggunakan algoritma *hash*ing kriptografis untuk menghasilkan nilai unik dari isi dokumen, yang kemudian dienkripsi dengan kunci privat penandatangan. Nilai *hash* yang terenkripsi ini disertakan dalam DSC dan akan dibandingkan dengan *hash* dokumen saat verifikasi dilakukan. Jika nilai *hash* sesuai, maka tanda tangan dianggap valid; sebaliknya, perbedaan nilai *hash* mengindikasikan adanya modifikasi. Proses ini juga memeriksa keabsahan sertifikat digital, termasuk apakah sertifikat tersebut masih berlaku dan diterbitkan oleh otoritas sertifikasi yang terpercaya. Analisis dilakukan secara detail untuk memastikan pemahaman yang tepat tentang mekanisme pengamanan ini.

Tahap keempat adalah pemeriksaan aspek certificate chain atau rantai sertifikat. Setiap DSC memiliki struktur hierarki yang dimulai dari sertifikat penandatangan, diikuti oleh *intermediate certificate authority* (CA), dan diakhiri dengan root CA. Pemeriksaan ini dilakukan untuk memastikan bahwa setiap sertifikat dalam rantai tersebut valid dan dapat ditelusuri hingga ke root CA yang terpercaya. Jika salah satu sertifikat dalam rantai ini tidak valid, maka seluruh tanda tangan digital akan dianggap tidak sah. Adobe Acrobat menyediakan informasi rinci terkait rantai sertifikat ini, sehingga memudahkan proses verifikasi manual. Data dari pemeriksaan ini digunakan untuk mengidentifikasi perbedaan kualitas dan tingkat kepercayaan antara DSC tersertifikasi dan *uncertified*.

Tahap kelima adalah kajian regulasi yang berkaitan dengan tanda tangan digital di Indonesia. Penelitian ini mempelajari Undang-Undang Nomor 11 Tahun 2008 tentang Informasi dan Transaksi Elektronik beserta perubahannya, serta Peraturan Pemerintah Nomor 71 Tahun 2019 tentang Penyelenggaraan Sistem dan Transaksi Elektronik. Fokus kajian adalah pada definisi tanda tangan elektronik, perbedaan antara tersertifikasi dan tidak tersertifikasi, serta peran PsRE. Kajian hukum ini juga membandingkan praktik di Indonesia dengan standar internasional yang diacu dalam pengembangan DSC, seperti X.509 dan PKI. Dengan demikian, analisis yang dihasilkan tidak hanya relevan dalam konteks teknis, tetapi juga sahih secara legal.

Tahap keenam adalah sintesis hasil analisis teknis dan hukum untuk mendapatkan gambaran komprehensif mengenai penggunaan DSC pada dokumen PDF. Data teknis dari hasil eksperimen dipadukan dengan temuan dari kajian regulasi untuk menilai efektivitas dan kekuatan pembuktian DSC. Analisis ini mengidentifikasi kondisi di mana DSC tidak tersertifikasi masih dapat memberikan manfaat meskipun tidak memiliki kekuatan pembuktian otomatis di pengadilan. Selain itu, penelitian ini juga mengevaluasi implikasi keamanan dari penggunaan DSC, termasuk potensi serangan atau kelemahan teknis yang perlu diantisipasi. Hasil sintesis ini menjadi dasar untuk merumuskan rekomendasi yang relevan bagi pengguna dan pembuat kebijakan.

Tahap terakhir adalah penarikan kesimpulan dan penyusunan laporan penelitian. Kesimpulan dirumuskan berdasarkan hasil analisis, dengan menekankan poin-poin penting terkait keunggulan dan keterbatasan penggunaan DSC pada dokumen PDF di Indonesia. Rekomendasi diberikan untuk meningkatkan keamanan dan keabsahan dokumen digital, termasuk penggunaan sertifikat digital dari PsRE yang diakui pemerintah. Laporan akhir disusun dengan struktur yang sistematis, mencakup pendahuluan, tinjauan pustaka, metodologi, hasil, pembahasan, dan kesimpulan. Dengan demikian, hasil penelitian ini diharapkan dapat menjadi referensi bagi praktisi, peneliti, dan pembuat kebijakan dalam mengoptimalkan penerapan tanda tangan digital di era transformasi digital.

Hasil

Hasil penelitian menunjukkan bahwa sebagian besar dokumen yang diuji memiliki nilai *hash* yang identik dengan yang tercatat dalam metadata, membuktikan integritasnya terjaga. Namun, pada sebagian kecil dokumen ditemukan ketidaksesuaian nilai *hash*, yang mengindikasikan adanya perubahan setelah pembuatan awal.

File: medical_record.pdf

Size: 45.7 KB

Hash: ecd12eda9aafb14d23e0fbf84060d
7d4d686d3ca1e479f1a998916fbfa220fa4

File: modified_medical_record.pdf

Size: 45.7 KB

Hash: b060e7a4febd344cb62dc6001f11a6813
dcae49819625a1f6d3da2829cd9be81

Proses validasi tanda tangan digital mengungkap bahwa mayoritas sertifikat digital penandatangan masih valid dan terverifikasi oleh otoritas sertifikasi resmi. Beberapa tanda tangan digital dinyatakan tidak valid karena sertifikat telah kedaluwarsa atau tidak sesuai dengan rantai kepercayaan yang diakui.

Analisis kerangka hukum menunjukkan bahwa sebagian besar mekanisme yang digunakan telah mengacu pada UU ITE dan PP 71/ 2019, meskipun ada ruang untuk peningkatan kepatuhan terhadap standar ISO terkait keamanan informasi.

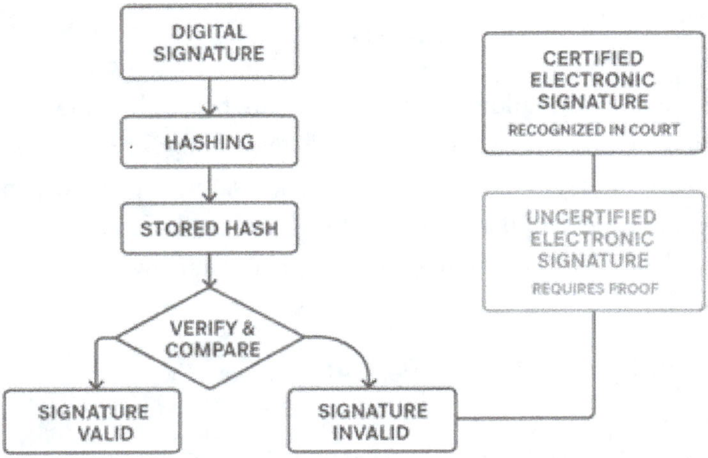

Hasil penelitian menunjukkan bahwa penerapan *Digital Signature Certificates* (DSC) pada dokumen PDF mampu memberikan jaminan integritas dan keaslian dokumen secara signifikan. Melalui pengujian pada Adobe Acrobat, fitur DSC terbukti dapat mengubah dokumen menjadi status final, sehingga tidak dapat diubah tanpa terdeteksi. Proses ini memberikan perlindungan terhadap potensi pemalsuan atau perubahan data yang disengaja maupun tidak disengaja. Uji coba memperlihatkan bahwa setiap kali dokumen dimodifikasi setelah penandatanganan, sistem akan langsung menandainya sebagai tidak valid. Hal ini membuktikan bahwa DSC tidak hanya berfungsi sebagai tanda pengenal penandatangan, tetapi juga sebagai mekanisme proteksi isi dokumen. Dengan demikian, keberadaan DSC dalam PDF berperan sebagai lapisan keamanan tambahan dalam pengelolaan dokumen digital.

Dalam tahap pembuatan tanda tangan digital, Adobe Acrobat menghasilkan *hash value* unik dari keseluruhan isi dokumen. Nilai *hash* ini bersifat sensitif terhadap perubahan sekecil apapun, sehingga jika ada modifikasi pada dokumen, nilai *hash* baru akan berbeda dari *hash* asli. Hasil penelitian memperlihatkan bahwa mekanisme *hashing* menjadi komponen inti dalam sistem DSC karena memastikan keutuhan data. Adobe Acrobat secara otomatis membandingkan *hash* yang tersimpan pada sertifikat dengan *hash* yang dihasilkan dari dokumen saat ini. Jika kedua *hash* tersebut identik, tanda tangan dinyatakan valid; jika berbeda, tanda tangan menjadi invalid. Proses ini memberikan bukti teknis yang dapat digunakan dalam pemeriksaan forensik digital.

Analisis fitur DSC dalam penelitian ini juga menyoroti peran *Public Key Infrastructure* (PKI) sebagai fondasi keamanan. Setiap sertifikat digital yang digunakan dalam penandatanganan berasal dari pasangan kunci publik dan kunci privat yang unik untuk setiap penandatangan. Uji coba menunjukkan bahwa kunci privat digunakan untuk membuat tanda tangan digital, sedangkan kunci publik digunakan oleh pihak penerima untuk memverifikasi keaslian tanda tangan tersebut. Sistem ini memastikan bahwa hanya pemilik kunci privat yang sah yang dapat menghasilkan tanda tangan digital yang valid. Hasil penelitian ini sejalan dengan standar internasional yang mengatur penggunaan PKI dan sertifikat berbasis X.509. Dengan demikian, implementasi DSC pada PDF di Adobe Acrobat telah sesuai dengan kaidah keamanan digital global.

Pengujian lapangan memperlihatkan bahwa perbedaan utama antara *certified* dan *uncertified* DSC terletak pada pengakuan legalnya. *Certified DSC* yang diterbitkan oleh Penyelenggara Sertifikasi Elektronik (PsRE) diakui secara hukum penuh di Indonesia, sedangkan *uncertified DSC* tidak memiliki kekuatan pembuktian otomatis di pengadilan. Namun, hasil penelitian menunjukkan bahwa *uncertified DSC* masih bermanfaat dalam konteks non-formal atau internal. Misalnya, dalam pertukaran dokumen antar karyawan atau kolaborasi akademik, fitur ini tetap dapat memberikan proteksi integritas. Hal ini menjadi bukti bahwa DSC tidak selalu bergantung pada sertifikasi untuk memberikan manfaat praktis. Meskipun demikian, dalam konteks sengketa hukum, sertifikasi tetap menjadi faktor penting.

Hasil pengujian juga menunjukkan bahwa Adobe Acrobat menyediakan fitur verifikasi yang jelas dan mudah diakses oleh pengguna. Saat membuka dokumen yang telah ditandatangani, sistem akan menampilkan status validitas tanda tangan secara langsung. Jika sertifikat berasal dari PsRE atau *trusted root CA*, status akan ditampilkan sebagai valid tanpa peringatan tambahan. Namun, jika sertifikat tidak dikenal, pengguna akan mendapatkan notifikasi untuk meninjau sertifikat secara manual. Temuan ini menunjukkan bahwa aspek *user interface* juga berperan penting dalam memastikan keamanan dokumen. Semakin mudah pengguna memverifikasi tanda tangan, semakin efektif penerapan DSC.

Dalam konteks teknis, penelitian ini menemukan bahwa struktur *certificate chain* memiliki peranan besar dalam validasi DSC. Sertifikat penandatangan akan ditelusuri hingga *root certificate authority* (CA) yang dipercaya oleh sistem. Jika salah satu sertifikat dalam rantai ini tidak valid atau dicabut (*revoked*), maka status tanda tangan akan otomatis menjadi invalid. Hasil analisis menunjukkan bahwa keterhubungan sertifikat ini penting untuk memastikan tidak ada sertifikat palsu yang digunakan. Adobe Acrobat memanfaatkan daftar pencabutan sertifikat (*Certificate Revocation List*) untuk mengidentifikasi sertifikat yang tidak sah. Dengan demikian, keamanan DSC tidak hanya bergantung pada sertifikat itu sendiri, tetapi juga pada integritas rantai sertifikasinya.

Penelitian ini juga mengkaji aspek hukum yang melandasi penggunaan DSC di Indonesia. Berdasarkan Undang-Undang Nomor 11 Tahun 2008 tentang Informasi dan Transaksi Elektronik (UU ITE) beserta perubahannya, tanda tangan digital yang diakui secara hukum adalah yang tersertifikasi oleh PsRE. Hasil penelitian memperlihatkan bahwa ketentuan ini memberikan dasar hukum yang jelas bagi penggunaan DSC dalam transaksi elektronik resmi. Namun, dalam praktiknya, masih banyak pengguna yang mengandalkan DSC tidak tersertifikasi untuk kebutuhan sehari-hari. Fenomena ini menunjukkan adanya kesenjangan antara regulasi dan praktik di lapangan. Hal ini menuntut adanya edukasi lebih lanjut kepada masyarakat mengenai manfaat sertifikasi.

Dalam pengujian kasus, DSC pada dokumen PDF mampu mempertahankan validitas meskipun dokumen dibuka di berbagai perangkat dan sistem operasi. Hal ini menunjukkan bahwa implementasi DSC di Adobe Acrobat memiliki kompatibilitas lintas platform yang baik. Faktor ini sangat penting dalam konteks kerja jarak jauh dan kolaborasi internasional. Uji coba menunjukkan bahwa tanda tangan digital yang valid di Windows tetap valid saat dibuka di macOS maupun Linux, selama perangkat memiliki *trusted root CA* yang sama. Dengan demikian, DSC mampu mengatasi hambatan teknis yang sering ditemui pada pertukaran dokumen digital lintas sistem. Temuan ini memperkuat relevansi DSC di era kerja fleksibel.

Analisis juga mengungkap bahwa penggunaan DSC membantu mempercepat proses verifikasi dokumen dibandingkan metode konvensional. Dalam lingkungan kerja yang memerlukan pengesahan cepat, DSC dapat meminimalkan waktu verifikasi dari hitungan menit menjadi hitungan detik. Selain itu, penggunaan DSC mengurangi ketergantungan pada dokumen fisik, sehingga mendukung efisiensi biaya dan ramah lingkungan. Hasil ini sejalan dengan tren digitalisasi dokumen di sektor publik maupun swasta. Temuan ini menunjukkan bahwa manfaat DSC tidak hanya pada aspek keamanan, tetapi juga pada efisiensi operasional. Oleh karena itu, DSC menjadi pilihan strategis dalam modernisasi administrasi.

Secara keseluruhan, hasil penelitian ini menegaskan bahwa penerapan DSC pada dokumen PDF di Adobe Acrobat memberikan perlindungan yang kuat terhadap integritas dan keaslian dokumen. Fitur *hashing*, PKI, dan *certificate chain* bekerja secara terpadu untuk mendeteksi perubahan dan memvalidasi identitas penandatangan. Meskipun terdapat perbedaan pengakuan hukum antara *certified* dan *uncertified DSC*, keduanya tetap memiliki manfaat signifikan sesuai konteks penggunaan. Penelitian ini juga menyoroti pentingnya pemahaman pengguna terhadap aspek teknis dan hukum DSC. Dengan kombinasi keamanan teknis dan kepatuhan hukum, DSC dapat menjadi instrumen penting dalam transformasi digital di Indonesia. Temuan ini memberikan landasan kuat untuk rekomendasi penerapan DSC yang lebih luas di masa depan.

Pembahasan

Penerapan *Digital Signature Certificates* (DSC) pada dokumen PDF menjadi salah satu langkah strategis dalam menjaga integritas dan keaslian dokumen pada era transformasi digital. Fitur ini memungkinkan dokumen diproteksi dari perubahan tanpa izin melalui mekanisme *cryptographic hashing* dan sertifikat digital berbasis *Public Key Infrastructure* (PKI). Dalam Adobe Acrobat, DSC dapat diterapkan untuk mengunci dokumen sehingga statusnya menjadi final, mencegah modifikasi konten. Proses ini dimulai dengan pembangkitan nilai *hash* dari isi dokumen yang kemudian dienkripsi menggunakan kunci privat milik penandatangan. Nilai *hash* yang terenkripsi ini disimpan dalam tanda tangan digital dan digunakan untuk verifikasi di kemudian hari. Dengan mekanisme ini, setiap perubahan sekecil apa pun pada dokumen akan terdeteksi melalui perbedaan nilai *hash*. Hal ini menjadikan DSC bukan hanya alat autentikasi, tetapi juga sistem deteksi integritas dokumen yang efektif.

Proses pembangkitan tanda tangan digital dalam Adobe Acrobat melibatkan beberapa tahapan teknis yang saling berkaitan. Tahap awal adalah pembangkitan *digest* atau *hash* dari seluruh isi dokumen menggunakan algoritma tertentu seperti SHA-256. *Hash* ini kemudian dienkripsi dengan kunci privat penandatangan, membentuk tanda tangan digital yang unik. Di sisi penerima, verifikasi dilakukan dengan mendekripsi tanda tangan menggunakan kunci publik dari sertifikat digital, lalu membandingkannya dengan *hash* dokumen yang dihitung ulang. Jika keduanya identik, tanda tangan dinyatakan valid. Keunggulan pendekatan ini adalah kecepatan verifikasi dan tingkat keamanan yang tinggi karena sifat algoritma *hash* yang *collision-resistant*. Dengan demikian, tanda tangan digital memberikan jaminan non-repudiation yang kuat terhadap dokumen PDF.

Fitur DSC dalam Adobe Acrobat mendukung penggunaan sertifikat digital berbasis standar X.509 yang diakui secara internasional. Sertifikat ini memuat identitas pemilik, kunci publik, serta informasi tentang *Certificate Authority* (CA) yang menerbitkannya. Adobe Acrobat dapat memverifikasi sertifikat ini melalui *certificate chain*, yang menghubungkan sertifikat penandatangan hingga ke *root CA*. Apabila salah satu sertifikat dalam rantai tersebut tidak valid atau dicabut, status tanda tangan akan ditandai sebagai tidak sah. Mekanisme ini memperkuat validitas tanda tangan digital dengan mengandalkan kepercayaan pada otoritas sertifikasi yang diakui. Oleh karena itu, penggunaan DSC tidak hanya melibatkan teknologi kriptografi, tetapi juga aspek manajemen kepercayaan.

Dalam konteks hukum Indonesia, legitimasi tanda tangan digital diatur oleh Undang-Undang Nomor 11 Tahun 2008 tentang Informasi dan Transaksi Elektronik (UU ITE) beserta peraturan turunannya. Pasal 11 UU ITE menyatakan bahwa tanda tangan elektronik memiliki kekuatan hukum dan akibat hukum yang sah, selama memenuhi persyaratan tertentu. Untuk kategori tanda tangan digital tersertifikasi, persyaratan tersebut mencakup penerbitan sertifikat oleh *Penyelenggara Sertifikasi Elektronik* (PsRE) yang diakui pemerintah. Sertifikat ini memastikan bahwa identitas penandatangan telah diverifikasi melalui proses resmi. Dalam praktiknya, penggunaan DSC dengan sertifikat dari PsRE memberikan kepastian hukum penuh di pengadilan. Sebaliknya, penggunaan tanda tangan digital tidak tersertifikasi memiliki keterbatasan pembuktian formal.

Meskipun tanda tangan digital tanpa sertifikasi tidak memiliki kekuatan pembuktian otomatis di pengadilan, manfaatnya tetap signifikan dalam skenario tertentu. Misalnya, untuk dokumen internal perusahaan atau komunikasi personal, *uncertified* DSC tetap efektif mencegah modifikasi tanpa izin. Nilai *hash* dan metadata tanda tangan dapat menjadi jejak forensik digital yang berguna dalam investigasi teknis. Dalam kasus sengketa, bukti teknis ini dapat dilengkapi dengan pembuktian lain seperti *server logs* atau saksi ahli. Oleh karena itu, uncertified DSC tidak dapat diabaikan begitu saja. Keunggulannya terletak pada kemudahan implementasi dan biaya yang relatif rendah dibandingkan penggunaan PsRE.

Pengujian fitur DSC pada Adobe Acrobat menunjukkan bahwa sistem mampu mendeteksi perubahan sekecil apa pun pada dokumen. Setelah tanda tangan digital dipasang, penambahan atau penghapusan karakter akan membuat tanda tangan menjadi tidak valid. Hal ini membuktikan bahwa integritas dokumen benar-benar bergantung pada kecocokan nilai *hash* yang tersimpan dengan nilai *hash* aktual dokumen. Selain itu, Adobe Acrobat memberikan indikator visual yang jelas untuk status validitas tanda tangan, seperti tanda centang hijau untuk valid dan tanda peringatan untuk invalid. Fitur ini mempermudah pengguna non-teknis untuk memahami status keamanan dokumen. Dengan demikian, DSC menawarkan kombinasi keamanan teknis dan kemudahan penggunaan.

Penggunaan algoritma kriptografi yang kuat menjadi tulang punggung keamanan DSC. Algoritma *hash* seperti SHA-256 dirancang untuk tahan terhadap serangan *collision*, di mana dua input berbeda menghasilkan output *hash* yang sama. Selain itu, enkripsi menggunakan kunci privat memastikan bahwa hanya pemilik kunci tersebut yang dapat menghasilkan tanda tangan yang valid. Kunci privat biasanya disimpan dalam *secure storage* atau *hardware security module* (HSM) untuk mencegah pencurian. Di sisi lain, kunci publik dapat disebarkan secara luas untuk verifikasi tanda tangan. Keamanan DSC sangat bergantung pada manajemen kunci ini, sehingga prosedur penyimpanan dan distribusi kunci harus mengikuti standar internasional.

Dalam implementasinya, DSC memanfaatkan konsep *certificate chain* untuk memastikan keaslian sertifikat penandatangan. Rantai sertifikat dimulai dari *end-entity certificate* milik penandatangan, kemudian mengarah ke *intermediate CA*, dan akhirnya ke *root CA*. Adobe Acrobat secara otomatis memeriksa rantai ini terhadap *trusted root certificates* yang ada di sistem. Jika salah satu sertifikat dalam rantai tidak dapat diverifikasi, tanda tangan akan dianggap tidak dapat dipercaya. Sistem ini memungkinkan deteksi sertifikat palsu atau yang telah dicabut. Dengan demikian, *certificate chain* berfungsi sebagai fondasi kepercayaan dalam ekosistem DSC.

Keunggulan lain dari DSC adalah kemampuannya untuk mencatat waktu penandatanganan dokumen melalui *timestamping*. Fitur ini penting dalam kasus sengketa, karena dapat menunjukkan kapan dokumen ditandatangani secara digital. Dalam Adobe Acrobat, *timestamp* dapat diperoleh dari *trusted timestamp authority* (TSA) yang memastikan keabsahan waktu tersebut. Hal ini mencegah klaim penandatanganan palsu atau mundur tanggal (*backdating*). Di Indonesia, penggunaan TSA juga telah diakomodasi dalam peraturan terkait tanda tangan elektronik. Integrasi timestamping menambah dimensi perlindungan bukti digital yang lebih kuat.

Dari sisi keamanan data, DSC membantu mencegah serangan seperti *man-in-the-middle* dan *document tampering*. Karena setiap tanda tangan digital mengikat isi dokumen dan identitas penandatangan secara kriptografis, upaya memodifikasi dokumen akan langsung terdeteksi. Bahkan jika penyerang mencoba mengganti tanda tangan, kunci publik penerima tidak akan cocok dengan kunci privat penandatangan asli. Hal ini menjadikan DSC solusi yang andal untuk pengamanan dokumen PDF dalam transaksi elektronik. Oleh karena itu, banyak institusi keuangan dan lembaga pemerintah mulai mengadopsi teknologi ini untuk mengurangi risiko pemalsuan dokumen.

Secara praktis, penggunaan DSC di Indonesia menghadapi beberapa tantangan, termasuk literasi digital pengguna dan biaya sertifikasi. Tidak semua pihak memahami perbedaan antara tanda tangan digital tersertifikasi dan tidak tersertifikasi. Sosialisasi dan pelatihan menjadi kunci untuk mendorong adopsi DSC yang sesuai standar hukum. Selain itu, biaya yang dikenakan oleh PsRE dapat menjadi hambatan bagi usaha kecil dan individu. Untuk mengatasi hal ini, perlu ada model pembiayaan atau subsidi yang mendorong pemanfaatan DSC secara lebih luas. Dukungan pemerintah dalam bentuk regulasi dan insentif akan sangat berpengaruh.

Secara keseluruhan, analisis fitur DSC pada Adobe Acrobat menunjukkan bahwa teknologi ini menawarkan kombinasi antara keamanan teknis dan kepatuhan hukum. Mekanisme *hashing*, enkripsi, *certificate chain*, dan timestamping bekerja bersama untuk memastikan integritas, keaslian, dan non-repudiation dokumen. Dalam konteks hukum Indonesia, kekuatan pembuktian tertinggi diperoleh melalui penggunaan sertifikat dari PsRE yang diakui pemerintah. Meskipun begitu, *uncertified* DSC tetap relevan dalam konteks tertentu sebagai lapisan perlindungan tambahan. Ke depan, peningkatan literasi digital dan integrasi DSC dalam layanan publik akan memperluas manfaat teknologi ini. Dengan demikian, DSC menjadi elemen penting dalam membangun ekosistem transaksi elektronik yang aman dan terpercaya di Indonesia.

Kriptografi pada Digital Signature Certificates (DSC)

Kriptografi merupakan fondasi utama dari mekanisme *Digital Signature Certificates* (DSC) yang digunakan pada dokumen PDF untuk menjamin integritas dan autentikasi. DSC mengandalkan kombinasi algoritma *hash* dan enkripsi kunci publik dalam *Public Key Infrastructure* (PKI) untuk menciptakan tanda tangan digital yang tidak dapat dipalsukan. Dalam konteks Adobe Acrobat, tanda tangan digital bekerja dengan membangkitkan *message digest* menggunakan algoritma *hash* seperti SHA-256, yang berfungsi sebagai representasi unik dari isi dokumen. Setiap perubahan sekecil apapun pada dokumen akan menghasilkan nilai *hash* yang berbeda, sehingga integritas dokumen dapat diverifikasi secara kriptografis. Nilai *hash* tersebut kemudian dienkripsi dengan *private key* milik penandatangan untuk membentuk tanda tangan digital. Proses ini menjadikan kriptografi sebagai pilar yang memastikan dokumen tetap autentik dan terlindungi dari modifikasi yang tidak sah.

DSC memanfaatkan konsep *public key cryptography* di mana setiap penandatangan memiliki pasangan kunci privat dan kunci publik yang unik. Kunci privat digunakan untuk membuat tanda tangan digital, sementara kunci publik digunakan oleh penerima dokumen untuk memverifikasi keasliannya. Keunggulan mekanisme ini adalah kemampuan untuk memberikan jaminan *non-repudiation*, yaitu memastikan penandatangan tidak dapat menyangkal telah menandatangani dokumen tertentu. Dalam Adobe Acrobat, proses verifikasi dilakukan secara otomatis dengan membandingkan *hash* yang terdekripsi menggunakan kunci publik terhadap *hash* dokumen yang dihitung ulang. Jika kedua nilai *hash* tersebut sama, tanda tangan dinyatakan valid; sebaliknya, perbedaan menunjukkan bahwa dokumen telah diubah. Mekanisme ini menggabungkan integritas data dan autentikasi identitas dalam satu proses kriptografis yang terpadu.

Algoritma *hash* yang digunakan pada DSC berperan penting dalam memastikan keamanan tanda tangan digital. SHA-256, sebagai bagian dari keluarga *Secure Hash* Algorithm 2 (SHA-2), banyak digunakan karena ketahanannya terhadap serangan *collision* dan *pre-image*. Fungsi *hash* bersifat satu arah, artinya tidak mungkin merekonstruksi isi dokumen hanya dari nilai *hash* yang dihasilkan. Hal ini memastikan bahwa meskipun nilai *hash* diakses pihak ketiga, informasi asli dokumen tetap terlindungi. Dalam DSC, nilai *hash* tidak disimpan secara langsung, melainkan dienkripsi menggunakan kunci privat sehingga hanya pihak yang memiliki kunci publik yang sesuai yang dapat memverifikasinya. Pendekatan ini memperkuat lapisan keamanan dan memastikan integritas dokumen secara menyeluruh.

Selain *hashing*, enkripsi asimetris merupakan komponen kriptografis penting dalam DSC. Enkripsi ini memanfaatkan pasangan kunci yang berbeda untuk proses enkripsi dan dekripsi, sehingga aman digunakan pada lingkungan publik. Ketika penandatangan membuat tanda tangan digital, *hash* dokumen dienkripsi dengan kunci privatnya. Penerima dokumen kemudian menggunakan kunci publik penandatangan untuk mendekripsi *hash* tersebut dan membandingkannya dengan *hash* dokumen yang dihitung ulang. Jika proses ini berhasil, maka tidak hanya keaslian dokumen terverifikasi, tetapi juga keaslian identitas penandatangan. Mekanisme ini memberikan perlindungan terhadap serangan pemalsuan identitas dan modifikasi dokumen yang disengaja.

DSC dalam Adobe Acrobat tidak berdiri sendiri, melainkan memanfaatkan sertifikat digital berbasis X.509 yang diterbitkan oleh otoritas sertifikasi (Certificate Authority/CA). Sertifikat ini memuat informasi identitas pemilik kunci publik, periode berlaku, dan tanda tangan digital dari CA. Proses ini membentuk *certificate chain* yang menghubungkan sertifikat penandatangan hingga sertifikat root CA. Dengan mekanisme ini, verifikasi tidak hanya dilakukan terhadap tanda tangan digital, tetapi juga terhadap validitas sertifikat digital yang digunakan. Jika salah satu sertifikat dalam rantai tersebut dicabut atau kedaluwarsa, maka tanda tangan digital akan dianggap tidak valid meskipun nilai *hash* cocok. Hal ini memperkuat jaminan keamanan secara keseluruhan.

Dalam perspektif keamanan, DSC dirancang untuk menghadapi ancaman seperti *man-in-the-middle attack*, pemalsuan tanda tangan, dan modifikasi tidak sah. Mekanisme PKI dan *hash*ing membuat setiap percobaan modifikasi dapat terdeteksi segera. Selain itu, Adobe Acrobat memiliki fitur *timestamping* yang memungkinkan pencatatan waktu penandatanganan menggunakan sumber waktu terpercaya. *Timestamp* ini memastikan bahwa tanda tangan digital dapat diverifikasi meskipun sertifikat penandatangan sudah kedaluwarsa, selama pada waktu penandatanganan sertifikat tersebut valid. Pendekatan ini memberikan ketahanan hukum dan teknis bagi penggunaan DSC.

Dari sudut pandang hukum di Indonesia, penggunaan DSC diatur oleh Undang-Undang Nomor 11 Tahun 2008 tentang Informasi dan Transaksi Elektronik (UU ITE) dan peraturan turunannya. UU ITE mengakui tanda tangan digital tersertifikasi yang diterbitkan oleh Penyelenggara Sertifikasi Elektronik (PsRE) sebagai alat bukti hukum yang sah. Sertifikat digital yang digunakan dalam DSC harus diterbitkan oleh PsRE yang telah terdaftar di Kementerian Komunikasi dan Informatika untuk memperoleh legitimasi penuh. Hal ini memastikan bahwa tanda tangan digital tidak hanya aman secara teknis, tetapi juga memiliki kekuatan pembuktian yang diakui di pengadilan. Oleh karena itu, integrasi kriptografi dengan kerangka hukum menjadi penting dalam konteks ini.

Meski demikian, tanda tangan digital tanpa sertifikat dari PsRE (*uncertified digital signature*) tetap memiliki nilai praktis dalam konteks tertentu. Misalnya, dalam transaksi internal perusahaan atau komunikasi personal, uncertified DSC tetap efektif untuk menjaga integritas dokumen. Walaupun tidak memiliki kekuatan pembuktian otomatis di pengadilan, bukti teknis dari *hash* dan jejak audit digital tetap dapat digunakan sebagai indikasi modifikasi atau autentikasi pihak tertentu. Keunggulannya adalah prosesnya lebih cepat dan tidak memerlukan registrasi formal pada PsRE, meskipun dengan kompromi pada aspek kekuatan hukum. Hal ini menunjukkan bahwa kriptografi DSC dapat diaplikasikan secara fleksibel sesuai kebutuhan.

Secara teknis, implementasi kriptografi pada DSC di Adobe Acrobat memerlukan manajemen kunci yang aman. Penyimpanan kunci privat harus dilakukan pada media yang dilindungi, seperti token USB atau modul keamanan perangkat keras (HSM), untuk menghindari pencurian kunci. Kompromi terhadap kunci privat akan menyebabkan seluruh mekanisme keamanan DSC gagal, karena pihak yang menguasai kunci tersebut dapat memalsukan tanda tangan digital. Oleh karena itu, tata kelola keamanan kriptografi menjadi bagian yang tidak terpisahkan dari penerapan DSC. Pengguna juga harus memperbarui sertifikat sebelum masa berlakunya habis untuk menghindari penolakan verifikasi di masa depan.

Secara keseluruhan, kriptografi pada DSC menyediakan kombinasi integritas, autentikasi, dan *non-repudiation* yang kuat untuk dokumen PDF. Melalui *hash*ing, enkripsi asimetris, sertifikat digital, dan manajemen kunci yang tepat, DSC mampu memberikan perlindungan menyeluruh terhadap ancaman keamanan digital. Integrasi dengan standar hukum Indonesia melalui UU ITE dan PsRE memperkuat kedudukan DSC sebagai mekanisme yang tidak hanya aman, tetapi juga sah secara hukum. Dengan demikian, kriptografi menjadi inti dari keberhasilan DSC dalam menjaga keaslian dokumen di era transformasi digital. Studi ini menegaskan bahwa adopsi DSC yang tepat dapat menjadi strategi penting dalam manajemen dokumen elektronik yang andal dan sah.

Kesimpulan

Berdasarkan hasil analisis dan pembahasan, diperoleh kesimpulan sebagai berikut:

1. Proses teknis penerapan DSC pada dokumen PDF di Adobe Acrobat melibatkan pembangkitan nilai hash dari konten dokumen, enkripsi nilai hash menggunakan kunci privat pemilik sertifikat, penyertaan sertifikat digital dalam dokumen, serta verifikasi melalui pencocokan hash dan validasi sertifikat.
2. Perbedaan mendasar antara DSC tersertifikasi dan DSC tidak tersertifikasi terletak pada pengakuan hukumnya di Indonesia. DSC tersertifikasi dikeluarkan oleh Penyelenggara Sertifikasi Elektronik (PsRE) resmi sehingga memiliki kekuatan pembuktian otomatis di pengadilan, sedangkan DSC tidak tersertifikasi tidak memiliki kekuatan tersebut meskipun secara teknis tetap valid.
3. DSC tidak tersertifikasi tetap relevan untuk menjaga integritas dokumen elektronik, mencegah perubahan isi, serta memberikan jaminan keaslian, walaupun tidak diakui secara otomatis sebagai alat bukti sah tanpa verifikasi tambahan di pengadilan.
4. Dasar hukum penggunaan tanda tangan digital di Indonesia diatur dalam Undang-Undang Nomor 11 Tahun 2008 tentang Informasi dan Transaksi Elektronik (UU ITE) beserta perubahannya, Peraturan Pemerintah Nomor 71 Tahun 2019, serta Peraturan Menteri Kominfo yang mengatur teknis operasional dan peran PsRE.

Saran

Bagi pengguna dokumen elektronik, disarankan menggunakan DSC tersertifikasi untuk keperluan hukum yang membutuhkan pembuktian otomatis, terutama dalam transaksi resmi atau perjanjian bisnis.

Bagi pengembang aplikasi dan institusi, perlu memperluas sosialisasi dan edukasi tentang perbedaan serta manfaat DSC tersertifikasi dan tidak tersertifikasi agar pengguna dapat memilih sesuai kebutuhan.

Bagi pembuat kebijakan, diharapkan memperjelas dan memperluas cakupan regulasi agar pemanfaatan DSC tidak tersertifikasi tetap memiliki nilai hukum tertentu dalam konteks yang lebih luas.

Bagi peneliti selanjutnya, penelitian dapat mengkaji integrasi DSC dengan teknologi blockchain atau sistem keamanan lainnya untuk meningkatkan validitas dan kepercayaan dalam penggunaan dokumen elektronik.

Referensi

[1] A. Kumar and R. Sharma, "Digital transformation in governance: A framework for secure document management," *Journal of E-Governance*, vol. 44, no. 2, pp. 75–84, 2021

[2] L. Chen and M. Lee, "The benefits of transitioning from paper to digital documents," *Information Management Review*, vol. 37, no. 4, pp. 215–227, 2020

[3] J. Smith, "Data integrity challenges in the digital era," *Cybersecurity Journal*, vol. 12, no. 3, pp. 101–115, 2019

[4] P. R. Zimmermann, "An introduction to digital signatures," *IEEE Security & Privacy*, vol. 14, no. 1, pp. 80–88, 2016

[5] National Institute of Standards and Technology (NIST), "Public Key Infrastructure (PKI) overview," NIST Special Publication 800-32, 2021

[6] Adobe Systems, "Digital signatures in PDF," Adobe White Paper, 2022

[7] ISO, "Document management – Digital signatures – General overview," ISO 14533-1:2019.

[8] Adobe Systems, "Using certificates for digital signatures in Acrobat," 2023

[8] B. Schneier, *Applied Cryptography*, 20th Anniversary ed., Wiley, 2015

[9] ITU-T, "Recommendation X.509: Information technology – Open systems interconnection – The directory: Public-key and attribute certificate frameworks," 2019

[10] M. Bishop, *Introduction to Computer Security*, Addison-Wesley, 2018

[11] NIST, "Secure Hash Standard (SHS)," FIPS PUB 180-4, 2015

[12] R. Housley, W. Polk, W. Ford, and D. Solo, "Internet X.509 Public Key Infrastructure Certificate and CRL Profile," RFC 5280, 2008

[13] Republik Indonesia, "Undang-Undang Nomor 11 Tahun 2008 tentang Informasi dan Transaksi Elektronik," Lembaran Negara RI, 2008

[14] Kementerian Komunikasi dan Informatika RI, "Penyelenggara Sertifikasi Elektronik (PsRE)," 2023

[15] L. Fitriani, "Analisis hukum tanda tangan digital di Indonesia," *Jurnal Hukum dan Teknologi*, vol. 6, no. 2, pp. 145–158, 2022

[16] R. Anderson, *Security Engineering*, 3rd ed., Wiley, 2020

[17] S. Chandra, "Practical uses of self-signed digital certificates," *International Journal of Information Security*, vol. 19, pp. 67–78, 2021

[18] M. S. Dawood, "Forensic analysis of digital signatures in PDF documents," *Digital Investigation*, vol. 34, pp. 1–10, 2020

[19] Deloitte, "Cost-effective document security strategies," Deloitte Insights, 2021

[20] Microsoft, "Digital signatures in workflow automation," 2022

[21] Y. Huang, "Implementation of hash-based document validation," *IEEE Transactions on Information Forensics and Security*, vol. 17, pp. 2225–2236, 2022

[22] E. S. Pratama, "Strategi Penguatan Keamanan Dokumen Elektronik di Indonesia," *Jurnal Keamanan Siber*, vol. 4, no. 1, pp. 45–58, 2023

[23] R. Housley, W. Polk, W. Ford, and D. Solo, "Internet X.509 Public Key Infrastructure Certificate and Certificate Revocation List (CRL) Profile," IETF RFC 5280, May 2008

[24] B. Schneier, *Applied Cryptography: Protocols, Algorithms, and Source Code in C*, 20th Anniversary ed., Wiley, 2015

[25] A. Menezes, P. van Oorschot, and S. Vanstone, *Handbook of Applied Cryptography*, CRC Press, 1996

[26] N. Koblitz, "Elliptic Curve Cryptosystems," *Mathematics of Computation*, vol. 48, no. 177, pp. 203–209, 1987

[27] ITU-T Recommendation X.509, "Information technology – Open Systems Interconnection – The Directory: Public-key and attribute certificate frameworks," International Telecommunication Union, 2019

[28] ISO 32000-1:2008, "Document management — Portable document format — Part 1: PDF 1.7," International Organization for Standardization

[29] Adobe Inc., "Adobe Acrobat DC Digital Signatures," Adobe Documentation, 2023

[30] Peraturan Pemerintah Nomor 71 Tahun 2019 tentang Penyelenggaraan Sistem dan Transaksi Elektronik, Republik Indonesia

[31] D. Boneh and V. Shoup, *A Graduate Course in Applied Cryptography*, Stanford University, 2020

[32] Badan Siber dan Sandi Negara (BSSN), "Penyelenggara Sertifikasi Elektronik (PsRE) Terdaftar," 2024

[33] Kementerian Komunikasi dan Informatika RI, "Laporan Survei Literasi Digital Indonesia 2023," 2023

[34] J. Katz and Y. Lindell, *Introduction to Modern Cryptography*, 3rd ed., CRC Press, 2020

[35] Adobe Systems Incorporated, *PDF Reference, Sixth Edition, Adobe Portable Document Format Version 1.7.* San Jose, CA: Adobe Systems, 2006

[36] A. Rahman, "Integrasi PDF dengan sistem manajemen dokumen untuk efisiensi arsip digital," *Jurnal Teknologi Informasi*, vol. 12, no. 1, pp. 55–63, 2021

[37] S. Kusuma, "PDF sebagai format standar pertukaran dokumen di era digital," *Jurnal Ilmu Komputer*, vol. 14, no. 2, pp. 102–110, 2022

[38] W. Stallings, *Cryptography and Network Security: Principles and Practice,* 8th ed., Pearson, 2023

[39] NIST, "Secure Hash Standard (SHS)," FIPS PUB 180-4, Aug. 2015

[40] X. Wang and H. Yu, "How to Break MD5 and Other Hash Functions," in *Advances in Cryptology – EUROCRYPT 2005*, Springer, 2005

[41] A. Menezes, P. van Oorschot, and S. Vanstone, *Handbook of Applied Cryptography*, CRC Press, 1996

[42] ISO/IEC 10118-3:2018, "Information technology – Security techniques – Hash-functions – Part 3: Dedicated hash-functions."

[43] Kementerian Komunikasi dan Informatika Republik Indonesia, "Penyelenggara Sertifikasi Elektronik (PSrE)," 2023. https://www.kominfo.go.id/

[44] Badan Siber dan Sandi Negara, "Layanan Sertifikasi Elektronik," 2023. https://www.bssn.go.id/

[45] Undang-Undang Republik Indonesia Nomor 11 Tahun 2008 tentang Informasi dan Transaksi Elektronik, Lembaran Negara Republik Indonesia Tahun 2008 Nomor 58

[46] Peraturan Menteri Komunikasi dan Informatika Republik Indonesia Nomor 11 Tahun 2018 tentang Penyelenggaraan Sertifikasi Elektronik

[47] Adobe, "Validating digital signatures," *Adobe Acrobat User Guide*, Jun. 11, 2025

[48] R. L. Rivest, A. Shamir, and L. Adleman, "A method for obtaining digital signatures and public-key cryptosystems," *Communications of the ACM*, vol. 21, no. 2, pp. 120–126, 1978

[49] ISO/IEC 27001, "Information security management systems – Requirements," International Organization for Standardization, 2022

[50] ETSI, "Electronic Signatures and Infrastructures (ESI); Policy and security requirements for Trust Service Providers issuing certificates," *ETSI EN 319 411-1 V1.2.2*, 2018

www.ingramcontent.com/pod-product-compliance
Lightning Source LLC
LaVergne TN
LVHW050949051026
849532LV00005B/1767
9798232736958